Pakao

Dr. Džerok Li

1
2

1
Krv koja kaplje iz mnogih nespašenih duša koje su užasno mučene formira veliki tok reke

2
Užasno ružni glasnici pakla imaju lica ljudskog oblika ili oblika raznih ružnih i nečistih životinja.

3
Na obalama reke krvi je mnogo dece u mučenju koja su stara od 6 godina pa sve do godina pre puberteta. U skladu sa mnogim njihovim grehovima, njihova tela su zakopana duboko u blatu i blizu reke krvi.

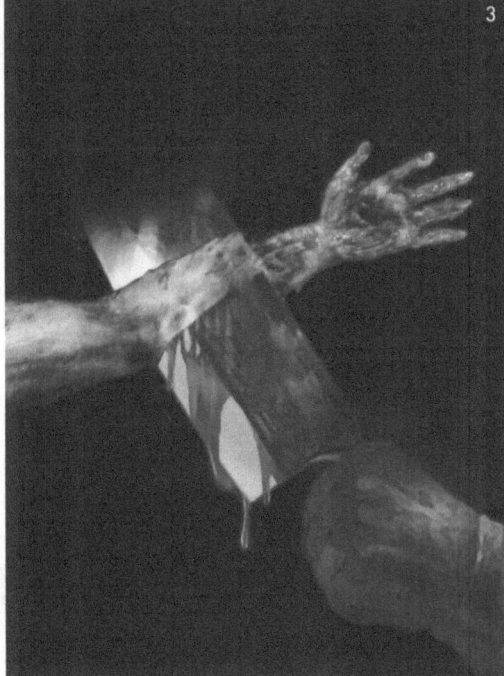

1
Smradom ispunjen bazen je pun mnogobrojnih užasnih insekata i ovi insekti glođu tela duša koje su zatvorene u bazenu. Insekti probadaju njihova tela uzduž i kroz njihov abdomen.

2,3
Od malog bodeža pa do sekire, užasno ružan glasnik pakla u obliku svinje priprema razne vrste sprava za mučenje. Glasnik pakla seče u delove telo duše koja je vezano za drvo.

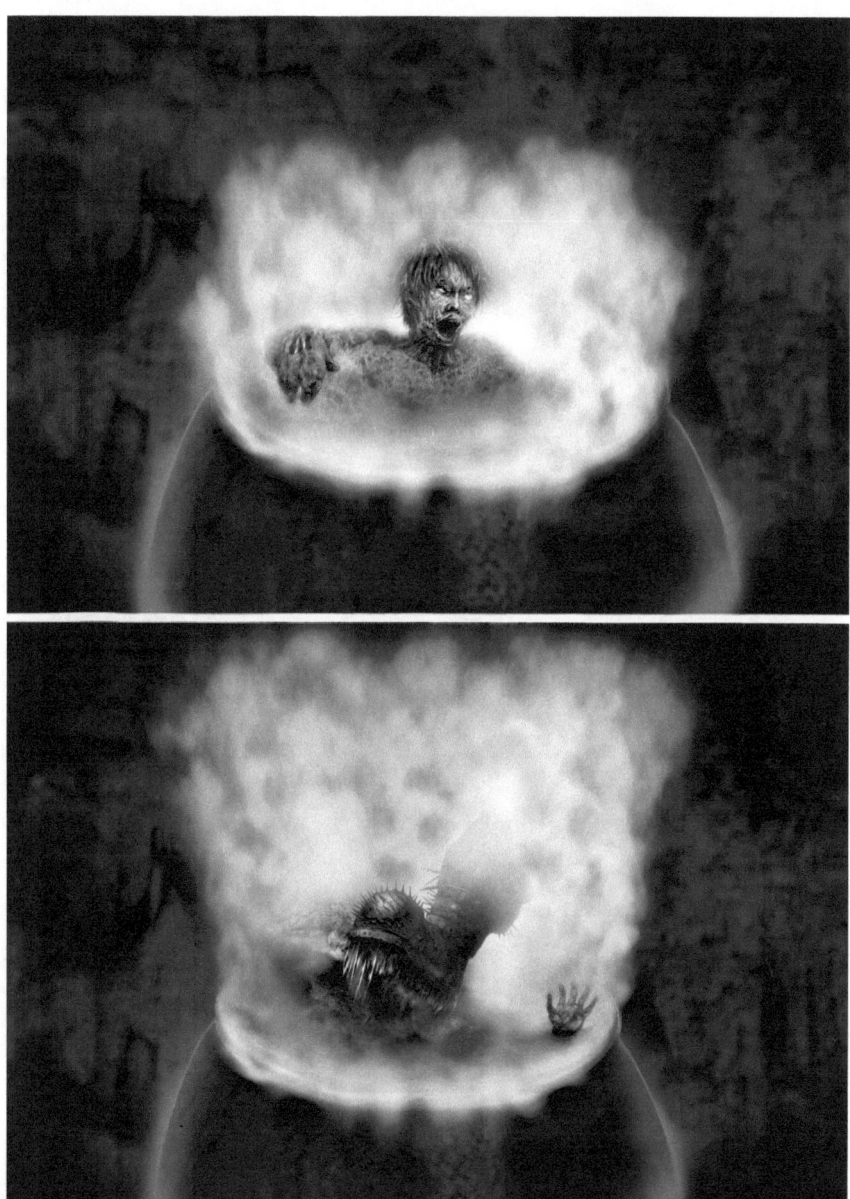

Užareni vreli lonac je ispunjen užasnim smrdljivom i proključalom tečnošću. Osuđene duše koje su bili muž i žena su potopljene u lonac, jedan za drugim Dok jedna dušu muče, druga moli da kazna bračnog druga traje duže.

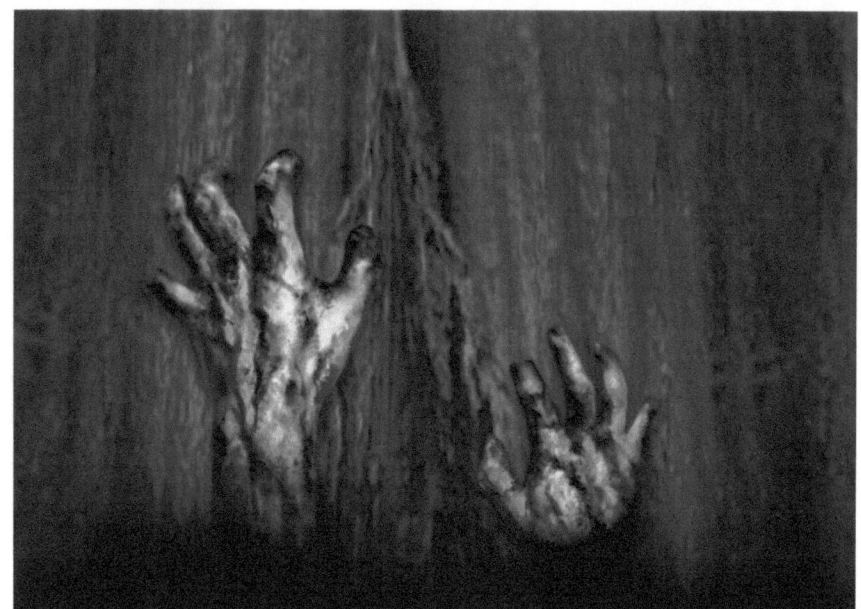

Svojim ustima širom otvorenim i iskezivanjem svojih oštrih zuba, brojni sitni insekti jure duše koje se penju uz liticu. Uplašene duše su u momentu preplavljene insektima i padaju na zemlju.

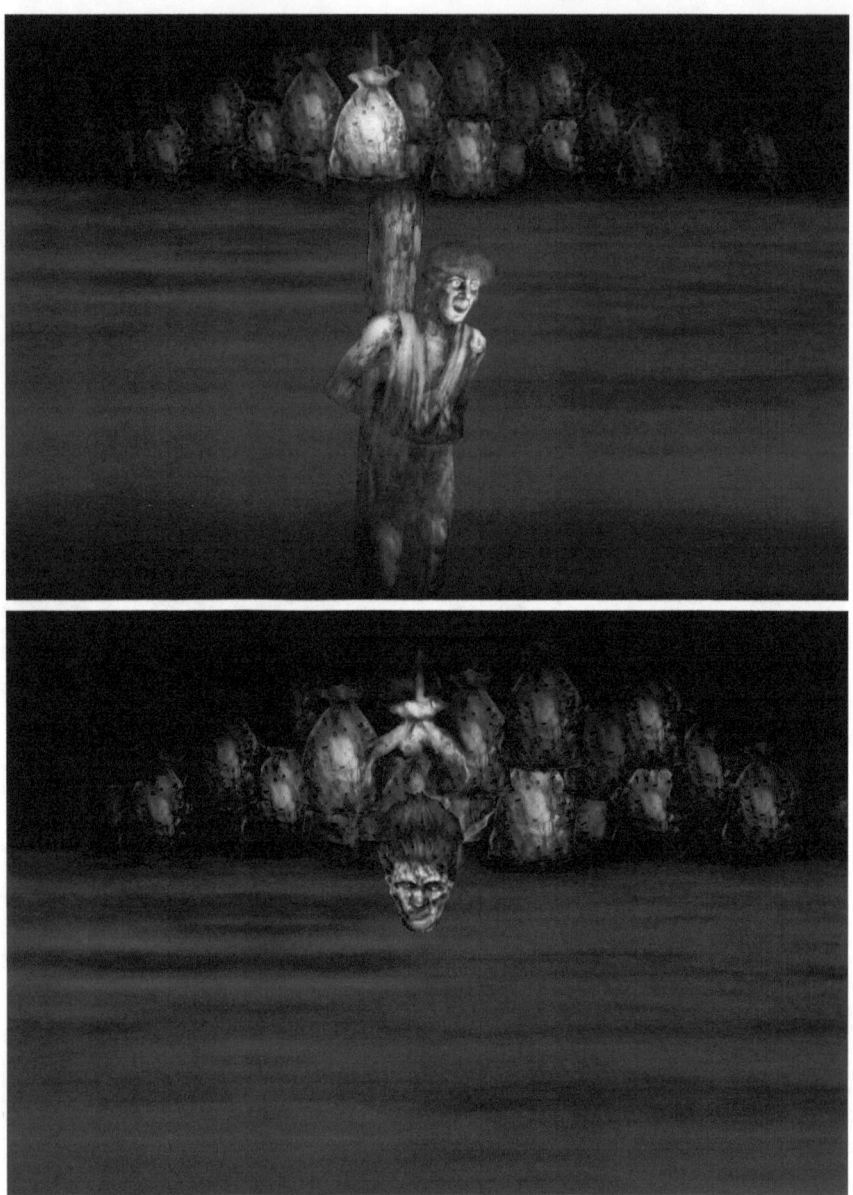

Mnogobrojne užasne crne glave onih koji su pratili njega i optužili Boga zlobno grizu celo telo pobunjenika svojim oštrim zubima. Mučenje je još veće od glođanja insekata ili kidanja od zveri.

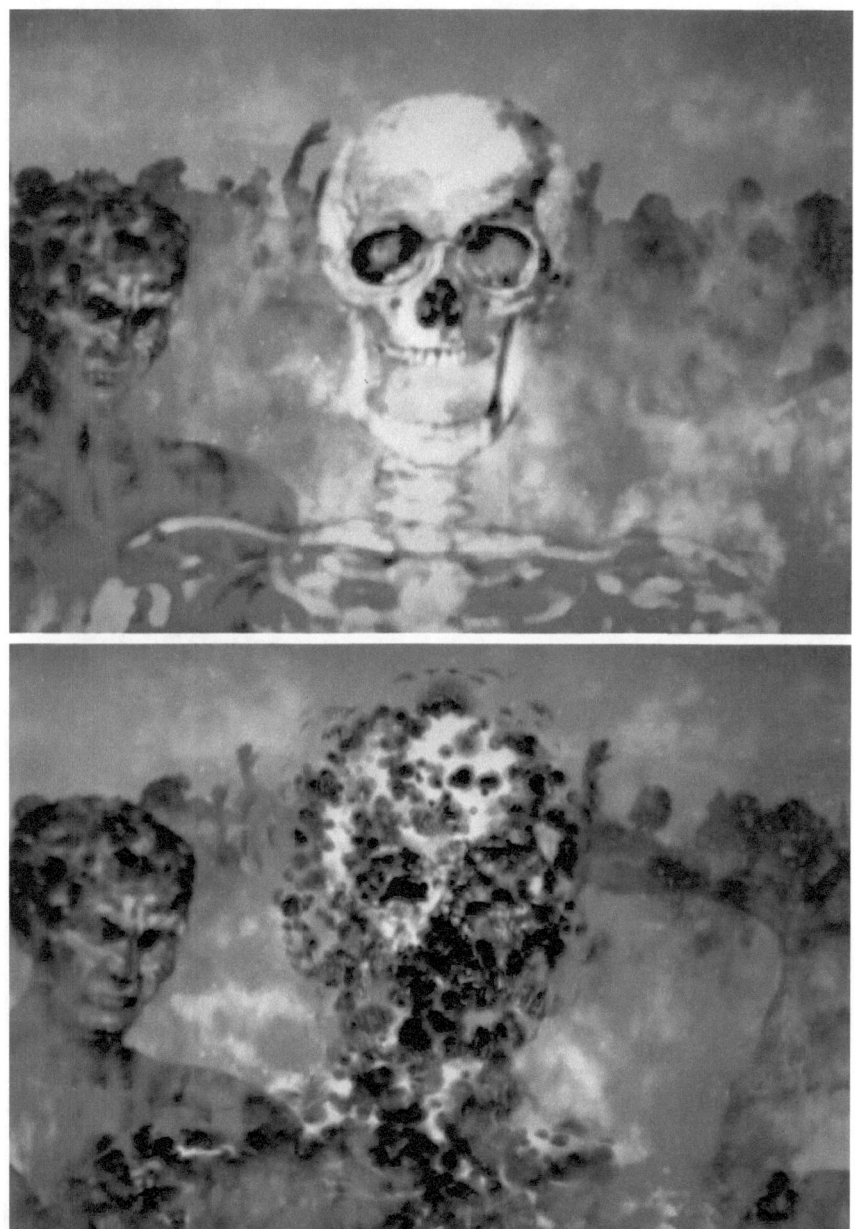

Duše koje su bačene u ognjeno jezero skaču od bola i glasno vrište. Njihov blistav pogled postaje krvav, i njihov mozak i tečnost izlazi napolje.

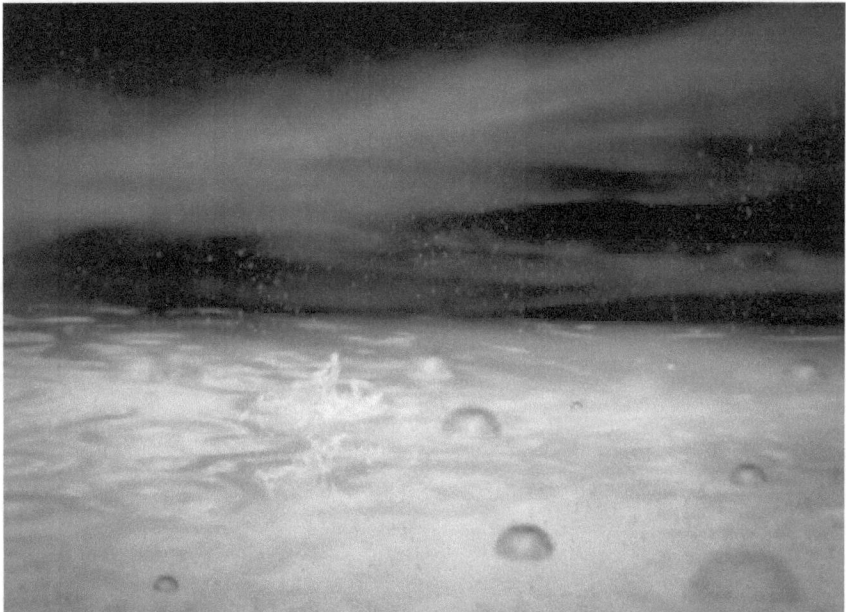

Recima da neko želi da popije tečnost od gvožđa istopljenog u visokoj peći, njegovi unutrašnji organi će biti izgoreni. Duše koje su bačene u jezero gorućeg sumpora ne mogu ni da cvile ni misle već su samo pritisnute bolom.

A kad umre siromah, odnesoše ga anđeli u naručje Avraamovo; a umre i bogati, i zakopaše ga. I u Hadu kad beše u mukama, podiže oči svoje i ugleda izdaleka Avraama i Lazara u naručju njegovom. I on je vrišteći govorio: „Oče Avrame! Smiluj se na me i pošlji mi Lazara neka umoči u vodu vrh od prsta svog, i da mi rashladi jezik; jer se mučim u ovom plamenu." A Avram reče: „Sinko! Opomeni se da si ti primio dobra svoja u životu svom, i Lazar opet zla; a sad se on teši, a ti se mučiš. I preko svega toga postavljena je među nama i vama veliki ponor, da ovi koji bi hteli odovud k vama preći, ne mogu, niti oni otuda k nama da prelaze." I on je rekao: „Molim te dakle, oče, da ga pošalješ kući oca mog, jer imam pet braće: neka im posvedoči da ne bi i oni došli na ovo mesto mučenja." Ali reče mu Avram: „Oni imaju Mojsija i proroke; neka njih slušaju." A on reče: „Ne, oče Avrame, nego ako im dođe ko iz mrtvih, pokajaće se!" Ali mu on reče: „Ako ne slušaju Mojsija i proroke, oni neće biti uvereni čak i da im da ko i iz mrtvih ustane."

Jevanđelje po Luki 16: 22.-31

Pakao

*„[U paklu] gde crv njihov ne umire, i oganj se ne gasi.
Jer će se svaki ognjem posoliti."*
(Jevanđelje po Marku 9:48-49)

Pakao

Dr. Džerok Li

Pakao autor Dr. Džerok Li (Dr. Jaerock Lee)
Objavile Urim knjige (Predstavnik: Seongnam Vin)
73, Yeouidaebang-ro 22-gil, Dongjak-gu,Seoul, Koreja
www.urimbooks.com

Sva prava su zadržana. Ova knjiga ili njeni pojedini delovi ne smeju biti reprodukovani u bilo kojoj formi, ili biti smešteni u bilo kom renta sistemu, ili biti transmitovana bilo kojim načinom, elektronski, mehanički, fotokopiranjem, snimanjem, ili slično, bez prethodnog pismenog ovlašćenja izdavača.

Ukoliko nije drukčije navedeno, svi Biblijski navodi uzeti su iz Svetog Pisma, NOVA AMERIČKA STANDARDNA BIBLIJA, ®, Autorska Prava © 1960, 1962, 1963, 1968, 1971, 1972, 1973, 1975, 1977, 1995 od strane The Lockman Foundation. Korišćeno uz dozvolu.

Autorska prava © 2015 od strane dr. Džerok Lija
ISBN (Međunarodni standardni broj knjige): 979-11-263-0001-3 03230
Prevodilačka Autorska Prava © 2012, od strane dr. Ester K. Čung (Dr. Esther K. Chung). Korišćeno uz dozvolu.

Prethodno objavila na korejskom jeziku Urim knjige u 2002. g.

Prvo izdanje, oktobra 2015

Uredio dr. Geumsun Vin
Dizajnirao urednički biro Urim Books
Štampa Yewon Printing Company
Za više informacija kontaktirajte: urimbook@hotmail.com

Predgovor

U nadi da će ova knjiga služiti kao hleb života koji vodi nebrojene duše ka predivnom Nebu tako što im dozvoljava da razumeju ljubav Božju koji želi da svi ljudi prime spasenje...

Danas kada ljudi čuju za Nebo (raj) i Pakao, većina njih reaguje negativno, govoreći: „Kako ja mogu da verujem u takve stvari u ovoj eri naučne civilizacije?" „Da li ste nekad bili na Nebu ili u Paklu?" ili „Vi saznate o ovim stvarima samo nakon što umrete."

Vi morate unapred da znate da postoji život posle smrti. Prekasno je kad dođe vreme da udahnete zadnji dah. Posle zadnjeg daha na ovom svetu, vi nikada nećete imati drugu priliku da opet živite život. Čeka vas samo Božje Suđenje, kroz koje ćete požnjeti ono što ste posejali na ovom svetu.

Kroz Bibliju, Bog nam je već otkrio put spasenja, postojanje

Neba i Pakla, i Suđenje koje će se odigrati u skladu sa rečju Božjom. On je manifestovao divna dela Njegove moći kroz mnoge Staro Zavetne proroke i Isusa.

Čak i danas, Bog vam pokazuje da je On živ i da je Biblija istinita tako što manifestuje čuda, znake i druga predivna dela njegove moći koja su zapisana u Bibliji preko Njegovih najlojalnijih i odanih sluga. Bez obzira na mnogo dokaza o Njegovim delima, ipak, postoje nevernici. Zbog toga, Bog je pokazao Njegovoj deci Nebo i Pakao i potstreknuo ih da svuda po svetu svedoče o tome šta su videli.

Bog ljubavi je i meni do detalja otkrio Nebo i Pakao i podstaknuo me da prenesem poruku po celoj kugli zemaljskoj jer je Drugi Hristov Dolazak veoma blizu.

Kada sam ja doneo poruku o užasnim i uznemirujućim prizorima u Nižem Grobu koji pripada Paklu, video sam da se većina vernika moje kongregacije tresla u žalosti i briznula u plač zbog svih ovih duša koje su morale da potpadnu pod užasna i okrutna kažnjavanja u Nižem Grobu.

Nespašene duše ostaju u Nižem Grobu dok ne počne Suđenje Velikog belog prestola. Posle suđenja, nespašene duše će ili pasti u ognjeno jezero ili u jezero gorućeg sumpora. Kazne u ognjenom jezeru ili u jezeru gorućeg sumpora su mnogo okrutnije nego kazne u Nižem Grobu.

Ja pišem ono što je Bog meni otkrio kroz delo Svetog Duha bazirano na Božjoj reči iz Biblije. Ova knjiga može biti nazvana porukom iskrene ljubavi od našeg Boga Oca koji želi da spasi što je više moguće ljudi od grehova tako što će im unapred predočiti

Predgovor

beskrajni užas Pakla.

Bog je dozvolio da lično Njegov Sin umre na krstu kako bi spasio sve ljude. On takođe želi da spreči propadanje čak i jedne duše u strašni Pakao. Bog vrednije nagrađuje jednu dušu nego ceo svet i zato je On veoma radostan i zadovoljan i sa svojim nebeskim domaćinima i anđelima proslavlja onoga koji je spašen u veri.

Ja dajem svu slavu i zahvalnost Bogu koji me je vodio da objavim ovu knjigu. Nadam se da ćete vi razumeti srce Božje koji neće da izgubi ni jednu dušu u Paklu, i da ćete i vi dostići istinsku veru. Šta više, ja vas podstičem da marljivo proklamujete jevanđelja onim dušama koje jure ka Paklu.

Takođe dajem zahvalnost Urim knjigama i njihovom osoblju uključujući.

Geumsun Vina, direktora Izdavačkog biroa. Nadam se da će čitaoci shvatiti činjenicu da ustvari postoji večni život posle smrti i Suđenje, i primiti savršeno spasenje.

Džerok Li

Uvodna reč

Moleći se da nebrojane duše mogu da razumeju bol Pakla, pokaju se, vrate sa puta smrti i budu spašene...

Sveti Duh je inspirisao dr. Džeroka Lija, Starijeg Pastora Manmin centralne crkve, da sazna o životu posle smrti i užasu Pakla. Mi smo sakupili njegove poruke i danas štampamo knjigu Pakao tako da nebrojeno mnogo ljudi mogu jasno i tačno da spoznaju Pakao. Svu slavu i zahvalnost ja dajem Bogu.

Danas, mnogi ljudi su znatiželjni o životu posle smrti, ali je za nas nemoguće da dobijemo ikakve odgovore sa našim ograničenim mogućnostima. Ova knjiga je jasan i opsežan izveštaj o Paklu, koji nam je delimično bio otkriven u Bibliji. Knjiga Pakao se sastoji iz devet poglavlja.

Poglavlje 1: „Da li stvarno postoje Nebo i Pakao?" opisuje sveobuhvatnu strukturu Neba i Pakla. Ona su objašnjena kroz alegoriju (poređenje) o bogatom čoveku i prosjaku Lazaru u Jevanđelju po Luki 16, Višem Grobu – gde čekaju spašene duše iz Starog Zaveta – i Nižem Grobu – gde su nespašene duše mučene do Sudnjeg Dana (Strašni Sud).

U poglavlju 2: „Put spasenja za one koji nikad nisu čuli jevanđelje," razmotreno je suđenje savesti. Posebni kriterijumi suđenja za mnoge slučajeve su takođe opisana: nerođenom fetusu iz abortusa ili pobačaja, deci od rođenja do pet godina starosti i deci od šest do pre tinejdžerskih godina.

Poglavlje 3: „Niži Grob i identiteti glasnika Pakla," daje podatke o čekaonici u Nižem Grobu. Ljudi, posle smrti, ostaju tri dana u čekaonici Nižeg Groba a zatim budu poslati na različita mesta u Nižem Grobu srazmerno ozbiljnosti njihovih grehova, i tamo budu surovo mučeni do Strašnog Suda Velikog belog prestola. Identiteti zlih duhova koji upravljaju Nižim Grobom su takođe razotkriveni.

Poglavlje 4: „Kazna za nespašenu decu u Nižem Grobu," svedoči o tome da čak i neka nezrela deca koja ne znaju da kažu razliku imeđu dobrog i lošeg ne primaju spasenje. Različite vrste kazni prema deci su podeljene po starosnim grupama: kazne za fetuse i odojčad, decu od 1-3 godine, decu od tri do pet godina starosti i decu od šest do dvanaest godina.

Poglavlje 5: „Kazne za ljude koji su umrli posle pubertetskih godina," objašnjava kazne koje se primenjuju na čeljad stariju nego adolescenti. Kazne za sve koji su otprilike preko trinaest godina su podeljene na četiri nivoa u zavisnosti od ozbiljnosti njihovih grehova. Što su njihovi grehovi veći, veća je i kazna koju oni primaju.

Poglavlje 6: „Kazna za huljenje Svetog Duha," podseća čitaoce da kao što je i napisano u Bibliji, postoje određeni grehovi koji se ne mogu okajati. Ovo poglavlje takođe kroz detaljne primere opisuje različite vrste kazni.

Poglavlje 7: „Spasenje tokom Velikog Stradanja," nas upozorava da živimo na kraju vremena i da je Gospodov povratak veoma blizu. Ovo poglavlje do detalja objašnjava šta će se desiti u vreme Hristovog povratka, i da ljudi koji tokom Stradanja budu ostali mogu da prime spasenje samo mučeništvom. Ono vas takođe podstiče da se pripremite kao divna nevesta Gospoda Isusa tako da možete da prisustvujete sedmogodišnjem Svadbenom Banketu, i izbegnete da budete ostavljeni iza nakon Ushićenja.

Poglavlje 8: „Kazne u Paklu nakon Strašnog Suda," daje podatke o Sudu na kraju Milenijuma, kako će nespašene duše biti premeštene iz Nižeg Groba u Pakao, raznovrsne kazne nad njima i sudbinu zlih duhova kao i njihove kazne.

Poglavlje 9: „Zašto je Bog ljubavi morao da pripremi Pakao?" objašnjava ogromnu i obilnu Božju ljubav, koja je ispoljena žrtvovanjem Njegovog jednog i jedinog Sina. Zadnje poglavlje u detalje objašnjava zašto je ovaj Bog ljubavi morao da napravi Pakao.

Knjiga *Pakao* vam takođe pomaže da razumete Boga ljubavi koji želi da sve duše prime spasenje i budu na oprezu u veri. Knjiga Pakao vas najbolje podstiče da vi vodite što je više moguće duša na putu spasenja.

    Bog je pun blagodeti i samilosti, i istinske ljubavi. Danas, sa srcem oca koji čeka da se njegov sin rasipnik vrati, Bog iskreno čeka na sve izgubljene duše da se oslobode greha i prime spasenje.

    Zato, ja se iskreno nadam da će bezbroj ljudi po celom svetu razumeti i shvatiti da ovaj užasni Pakao zaista postoji, i brzo se vratiti Bogu. Takođe se molim u ime Isusa Hrista da svi vernici u Gospodu budu budni i na oprezu, i da povedu što više mogu ljudi ka Nebu.

Geumsun Vin
Direktor Izdavačkog biroa

Sadržaj

Predgovor

Uvodna reč

Poglavlje 1 –

Da li stvarno postoje Nebo i Pakao? • 1

Nebo i Pakao zaista postoje
Alegorija o bogatom čoveku i prosjaku Lazaru
Struktura Neba i Pakla
Viši Grob i Raj
Niži Grob, čekaonica na putu za Pakao

Poglavlje 2 –

Put spasenja za one koji nikad nisu čuli jevanđelje • 23

Sud savesti
Bebe nerođene zbog abortusa ili pobačaja
Deca od rođenja do pet godina
Deca od šest do pre tinejdžerskih godina
Da li su Adam i Eva spašeni?
Šta se desilo sa prvim ubicom Kainom?

Poglavlje 3 –

Niži Grob i identiteti glasnika Pakla • 55

Glasnici Pakla vode ljude u Niži Grob
Čekaonica za svet zlih duhova
U Nižem Grobu različite kazne za različite grehove
Lucifer upravlja Nižim Grobom
Identiteti glasnika Pakla

Poglavlje 4 –

Kazna za nespašenu decu u Nižem Grobu • 71

Fetusi i odojčad
Deca od 1-3 godine
Deca dovoljno velika da hodaju i pričaju
Deca od u dobi od šest do dvanaest godina
Mladi koji su se podrugivali proroku Jeliseju

Poglavlje 5 –

Kazne za ljude koji su umrli posle pubertetskih godina • 89

Prvi nivo kazne
Drugi nivo kazne
Kazna nad faraonom
Treći nivo kazne
Kazna nad Pontijem Pilatom
Kazna nad Saulom prvim kraljem Izraela
Četvrti nivo kazne nad Judom Iskariotskim

Poglavlje 6 –

Kazna za huljenje Svetog Duha • 133

Patnja u buretu sa ključalom tečnošću
Penjanje na vertikalnu liticu
Prženje po ustima usijanim gvožđem
Enormno velike mašine za mučenje
Svezan za drveni trupac

Poglavlje 7 –

Spasenje tokom Velikog Stradanja • 161

Hristov dolazak i Ushićenje
Sedmogodišnje Veliko Stradanje
Mučeništvo tokom Velikog Stradanja
Hristov Drugi Dolazak i Milenijum
Priprema da budemo Gospodova divna nevesta

Poglavlje 8 –

Kazne u Paklu nakon Strašnog Suda • 185

Nespašene duše padaju u Pakao nakon Suda
Ognjeno jezero i jezero gorućeg sumpora
Neki ostaju u Nižem Grobu čak i posle Suda
Zli duhovi će biti zatvoreni u Ambisu
Gde će demoni završiti?

Poglavlje 9 –

Zašto je Bog ljubavi morao da pripremi Pakao? • 217

Božje strpljenje i ljubavi
Zašto je Bog ljubavi morao da pripremi Pakao?
Bog želi da svi ljudi prime spasenje
Smelo širiti jevanđelje

Poglavlje 1

Da li stvarno postoje Nebo i Pakao?

Nebo i Pakao zaista postoje
Alegorija o bogatom čoveku i prosjaku Lazaru
Struktura Neba i Pakla
Viši Grob i Raj
Niži Grob, čekaonica na putu za Pakao

„Isus im odgovarajući reče: Vama je dano da
znate tajne carstva nebeskog, a njima nije dano."
- Jevandelje po Mateju 13:11 -

„Ako te i oko tvoje sablažnjava, iskopaj ga: bolje
ti je s jednim okom ući u carstvo Božje, negoli s
dva oka da te bace u pakao ognjeni."
- Jevandelje po Marku 9:47 -

Da li stvarno postoje Nebo i Pakao?

Većina ljudi oko nas se plaše smrti i žive u strahu i brizi da će izgubiti svoje živote. I pored toga, oni ne traže Boga zato što ne veruju u život posle smrti. Šta više, i mnogi ljudi koji iskazuju svoju veru u Hrista čini se da ne žive u veri. Zbog gluposti, ljudi sumnjaju i ne veruju u život posle smrti, čak i ako nam je Bog u Bibliji već otkrio o životu posle smrti, Nebu i Paklu.

Život posle smrti je jedan nevidljivi duhovni svet. Zato, ljudi ga ne mogu dokučiti osim ako im Bog ne dozvoli da razumeju. Kao što je više puta napisano u Bibliji, Nebo i Pakao zaista postoje. Zato Bog pokazuje Nebo i Pakao mnogim ljudima širom sveta i dozvoljava im da ih proklamuju na sve četri strane zemljine kugle.

„Nebo i Pakao zaista postoje."

„Nebo je divno i očaravajuće mesto dok je Pakao turobno i užasno mesto van vaše zamisli. Ja vas snažno podstičem da verujete u život posle smrti."

„Na vama je da li ćete otići na Nebo ili u Pakao. Da ne bi pali u Pakao, vi treba odmah da okajete sve vaše grehove i prihvatite Isusa Hrista."

„Zaista Pakao postoji. To je gde ljudi gore u vatri za vek vekova. Takođe je istina da Nebo postoji. To može biti vaš trajni dom."

Bog ljubavi mi je objašnjavao o Nebu od maja 1984. god. On

je takođe počeo da mi u detalje razjašnjava Pakao od marta 2000. god. Pitao me je da širim šta sam naučio o Nebu i Paklu po celom svetu tako da čak ni jedan neće biti kažnjen u ognjenom jezeru ili jezeru gorućeg sumpora.

Bog mi je jednom pokazao dušu koja koja je patila i kukala sa kajanjem u Nižem Grobu, gde svi oni kojima je odredište Pakao čekaju u agoniji. Duša je odbila da prihvati Gospoda uprkos mnogim mogućnostima da čuje jevanđelje i na kraju je nakon smrti propao u Pakao. Ovo što sledi je njegova ispovest:

Brojim dane.
Brojim, brojim i brojim.
ali su oni beskrajni.
Trebao sam da pokušam da prihvatim Isusa Hrista
kada su mi rekli o Njemu.
Šta sada da radim?

Potpuno je beskorisno
čak i ako se sad pokajem.
Ne znam šta da radim sad.
Želim da pobegnem od ove patnje
ali ne znam šta da radim.

Brojim jedan dan, dva dana i tri dana.
Ali čak i kad na ovaj način brojim dane,
znam da je beskorisno.
Moje srce se kida.

Šta da radim? Šta da radim?
Kako da budem oslobođen ovog ogromnog bola?
Šta da radim, o moja jadna dušo?
Kako da izdržim to?

Nebo i Pakao zaista postoje

Poslanica Jevrejima 9:27 piše da: *„I kao što je ljudima određeno jednom umreti, a potom dolazi sud."* Svim muškarcima i ženama je određeno da umru i nakon što izdahnu svoj poslednji dah, oni posle Suda ulaze ili na Nebo ili u Pakao.

Bog želi da svi odu na Nebo zato što je On ljubav. Bog je pripremio Isusa Hrista pre nego što je počelo vreme i otvorio vrata spasenja ljudskih bića kad je za to sazrelo vreme. Bog ne želi da ni jedna duša padne u Pakao.

Poslanica Rimljanima 5:7-8 objavljuje da: *„Jer jedva ko umre za pravednika; za dobroga može biti da bi se ko usudio umreti. Ali Bog pokazuje svoju ljubav k nama što Hristos još kad bejasmo grešnici umre za nas."* Zaista, Bog je pokazao svoju ljubav za nas tako što je ne štedeći dao Svog jednog jedinog Sina.

Vrata spasenja su široko otvorena tako da svako ili svaka prihvativši Isusa Hrista kao svog ličnog Spasitelja će biti spašen ili spašena i otići na Nebo. Ipak, mnogi ljudi nemaju interesovanja za Nebo i Pakao čak i ako čuju o njima. Šta više, neki od njih čak i progone ljude koji proklamuju jevanđelje.

Najtužnija činjenica je da ljudi koji tvrde da veruju u Boga i dalje vole svet i čine grehove zato što oni u stvari nemaju nadu za Nebo i ne plaše se Pakla.

Uz pomoć svedočenja očevidaca i Biblije

Nebo i Pakao su u duhovnom svetu koji zaista postoji. Biblija mnogo puta spominje postojanje Neba i Pakla. Oni koji su bili na Nebo ili u Pakao takođe svedoče o njima. Na primer, u Bibliji Bog nam govori kako je užasan Pakao tako da bi mi mogli da se izborimo za večni život na Nebu umesto da posle smrti padnemo u Pakao.

I ako te ruka tvoja sablažnjava, odseci je: bolje ti je bez ruke u život ući, negoli s obe ruke ući u pakao, u oganj večni, [gde crv njihov ne umire, i oganj se ne gasi.] I ako te noga tvoja sablažnjava, odseci je: bolje ti je ući u život hrom, negoli s dve noge da te bace u pakao, u oganj večni, [gde crv njihov ne umire, i oganj se ne gasi.] Ako te i oko tvoje sablažnjava, iskopaj ga: bolje ti je s jednim okom ući u carstvo Božje, negoli s dva oka da te bace u pakao ognjeni, gde crv njihov ne umire, i oganj se ne gasi. Jer će se svaki ognjem posoliti (Jevanđelje po Marku 9:43-49).

Oni koji su bili u Paklu svedočili su o istom što je Biblija proglasila. U Paklu, „gde crv njihov ne umire, i oganj se ne gasi.

Da li stvarno postoje Nebo i Pakao?

Jer će se svaki ognjem posoliti."

Jasno je kao kristal da postoji Raj i Pakao posle smrti kao što je napisano u Bibliji. Zbog toga, vi bi trebali da odete na Nebo živeći po reči Božjoj, verujući u postojanje Neba i Pakla u vašim mislima.

Vi ne treba da sa grižom savesti žalite kao gore pomenuta duša koja pati bez kraja u Grobu zato što je on odbio da prihvati Gospoda uprkos mnogim prilikama da čuje o jevanđelju.

U Jevanđelju po Jovanu, 14:11-12, Isus nam govori: *„Verujte Meni da sam Ja u Ocu i Otac u Meni; ako li Meni ne verujete, verujte Mi po tim delima. Zaista, zaista vam kažem: koji veruje Mene, dela koja Ja tvorim i on će tvoriti, i veća će od ovih tvoriti; jer Ja idem k Ocu svom."*

Vi možete da prepoznate da je određena osoba Božji čovek kada ga prate moćna dela preko ljuckih sposobnosti i takođe možete utvrditi da je njegova poruka podudarna sa istinskom rečju Božjom.

Ja širim Isusa Hrista, čineći dela moći živog Boga dok sam na evangelističkim pohodima širom sveta. Kada se molim u ime Isusa Hrista, nebrojeno mnogo veruje i prima spasenje jer se događaju čudesna dela moći: slepi progledaju, nemi progovore, hromi ustanu, umirujući ožive i tako dalje.

Na ovaj način, Bog kroz mene manifestuje svoja dela. On takođe razjašnjava Nebo i Pakao do detalja i dozvoljava mi da ih obelodanim po celom svetu tako da bi što je više moguće ljudi mogli biti spašeni.

Danas, mnogi ljudi su znatiželjni o životu posle smrti –

duhovnom svetu – ali nemoguće je jasno saznati o duhovnom svetu samo sa ljuckim mogućnostima. Vi možete o tome delimično naučiti iz Biblije. Ipak, tako jasno možete videti samo kad vam Bog objasni dok ste u potpunosti nadahnuti Svetim Duhom koji sve ispituje, čak i duboke stvari o Bogu (1. Korinćanima Poslanica 2:10).

Nadam se da ćete potpuno verovati u moj opis Pakla zasnovan na stihove iz Biblije zato što mi ih je Bog Lično objasnio dok sam u potpunosti bio inspirisan Duhom.

Zašto proklamovati Sud Božji i kazne u Paklu

Kada ja iznosim poruke o Paklu, oni koji imaju veru biće ispunjeni Svetim Duhom i slušaće bez straha. Ipak, postoje oni kojima lica postaju ukočena u brizi i njihovi obično potvrdni odgovori kao što su „Amin" ili „Da" postepeno utihnjuju tokom propovedi. U najgorem slučaju, ljudi slabi verom prestanu da prisustvuju službama bogosluženja ili u strahu napuste crkvu, umesto da ponovo osnaže svoju veru u nadi odlaska na Nebo.

Ipak, ja moram razjasniti Pakao zato što poznajem Bože srce. Bog je toliko zabrinut za ljude koji hitaju prema Paklu, i dalje žive u mraku i prave kompromise sa ovozemaljskim načinom života iako neki od njih iskazuju svoje verovanje u Isusa Hrista.

Zbog toga, ja ću do detalja da opišem Pakao tako da Božja deca mogu da borave u svetlu, odričući se mraka. Bog želi da

Da li stvarno postoje Nebo i Pakao?

se Njegova deca pokaju i da odu na Nebo čak iako su možda u strahu i nelagodno se osećaju kada čuju o Božjem Sudu i kazni u Paklu.

Alegorija o bogatom čoveku i prosjaku Lazaru

U Jevanđelju po Luki 16:19-31, obadvojica i bogati čovek i prosjak Lazar su otišli u Grob posle smrti. Od tada lokacije i uslovi gde je svaki od njih trebao da ostane su bili drastično različite.

Bogati čovek je bio izložen velikom mučenju vatrom dok je Lazar bio daleko odatle preko velikog bezdana uz Avramov bok. Zašto?

U vremenima Starog Zaveta, Sud Božji se sprovodio po Mojsijevom Zakonu. Sa jedne strane, bogat čovek je primio kaznu vatro zato što nije verovao u Boga, iako je živeo u velikom luksuzu na ovom svetu. Sa druge strane, prosjak Lazar je mogao da uživa u večnom spokojstvu zato što je verovao u Boga iako je bio prekriven ranama, i željaše da jede ono što padne sa trpeze bogatog čoveka.

Život posle smrti utvrđen Božjim Sudom

U Starom Zavetu, mi nalazimo da naši praočevi uključujući Jakova i Jova izjavljuju da bi išli dole u Grob nakon što umru (Postanak 37:35; Jov 7:9). Korej i svi njegovi ljudi koji su se uzdigli protiv Mojsija otišli su živi dole u Grob, uz gnev Božji (Brojevi 16:33).

Stari Zavet takođe spominje „Šeol" i „Had." Grob je engleska reč za oba „Šeol" i „Had." I Grob je podeljen na dva dela: Viši Grob koji pripada Nebu i Niži Grob koji pripada Paklu.

Tako, vi znate da su praoci vere kao što su Jakov i Jov i prosjak Lazar otišli u Viši Grob koji pripada Nebu dok su Korej i bogat čovek otišli u Niži Grob koji pripada Paklu.

Isto tako, sigurno postoji život posle smrti i svim muškarcima i ženama je suđeno da idu na Nebo ili u Pakao u skladu sa Sudom Božjim. Ja vas snažno podstičem da verujete u Boga i tako ćete biti spašeni od odlaska u Pakao.

Struktura Neba i Pakla

Biblija koristi različita imena prilikom pominjanja Neba i Pakla. U stvari, vi prepoznajete da Nebo i Pakao nisu isto mesto.

Drugim rečima, Nebo se naziva kao „Viši Grob," „Raj" ili „Novi Jerusalim." To je zbog toga što je Nebo, boravište spašenih duša, kategorizovano i podeljeno na mnogo različitih mesta.

Kao što sam već objasnio porukama u knjigama „*Mera Vere*" i „*Raj 1 i 2,*" vi možete da živite bliže Božjem prestolu u Novom Jerusalimu do te mere do koliko oslikavate izgubljeni lik Boga Oca. Alternativno, vi možete ući u Treće nebesko

Da li stvarno postoje Nebo i Pakao?

kraljevstvo, Drugo nebesko kraljevstvo ili Prvi nebesko kraljevstvo srazmerno sa merom vaše vere. Oni koji su jedva spašeni mogu da uđu u Raj. Prebivalište nespašenih duša ili zlih duhova naziva se i kao „Niži Grob," „ognjeno jezero," „jezero gorućeg sumpora" ili „Ambis (bezdan, rupa bez dna)". Kao što je i Nebo podeljeno na mnogo mesta, Pakao je takođe podeljen na mnogo mesta zato što se prebivališta svačije duše razlikuju jedno od drugih po tome koliko su zlodela učinili na ovom svetu.

(dijagram: Novi Jerusalim / Treće kraljevstvo / Drugo kraljevstvo / Prvo kraljevstvo / Raj / Viši Grob / Ponor / Niži Grob (Had) / Ognjeno jezero / Jezero gorućeg sumpora (Sumpor) / Ambis (Jama bez dna))

Struktura Neba i Pakla

Zamislite oblik dijamanta (◇) da bi bolje razumeli strukturu Neba i Pakla. Ako je oblik presečen na pola, onda dobijamo gornji trougao (△) i naopako okrenut trougao (▽). Hajde da pretpostavimo da gornji trougao predstavlja Nebo a naopako okrenut trougao predstavlja Pakao.

Najviši deo gornjeg trougla odgovara Novom Jerusalimu dok najniži deo njega Višem Grobu. Drugim rečima, iznad Višeg groba su Raj, Nebesko Prvo kraljevstvo, Drugo kraljevstvo, Treće kraljevstvo, i Novi Jerusalim. Međutim, vi ne treba da mislite o razlikama u kraljevstvima kao o prvom, drugom ili trećem spratu zgrade na ovoj zemlji. U duhovnom kraljevstvu, nemoguće je povući crtu da bi se podelila zemlja kao što to radite ovde na ovom svetu i da govorite o njenom obliku. Ja samo ovo objašnjavam na ovaj način kako bi dozvolio telesnim ljudima da razumeju Nebo i Pakao mnogo jasnije.

U gornjem trouglu, vrh odgovara Novom Jerusalimu dok najniži deo njega Višem Grobu. Drugim rečima, što se više penjete uz trougao, bolje kraljevstvo Neba ćete naći.

U drugoj figuri, u naopako okrenutom trouglu, najviši i najširi deo odgovara Nižem Grobu. Što ste više bliži dnu, dubljem delu Pakla se približavate; Niži Grob, ognjeno jezero, jezero sa sumporom, i Ambis. Ambis napomenut u knjigama Jevanđelje po Luki i Otkrivenju se odnosi na najdublje delove Pakla.

U gornjem trouglu, prostor postaje manji kako se penjete od dna ka vrhu – od Raja do Novog Jerusalima. Ovaj oblik vam pokazuje da je broj ljudi koji ulaze u Novi Jerusalim relativno mali u odnosu na broj ljudi koji ulaze u Raj, Prvo ili Drugo kraljevstvo Neba. To je zato da samo oni koji su ispunili svetost i savršenstvo kroz požrtvovanje u njihovim srcima, prateći srce Boga Oca, mogu da uđu u Novi Jerusalim.

Kao što možete da vidite u naopako okrenutom trouglu, relativno malo ljudi idu u dublji deo Pakla zato što samo onima čija je savest bila žigosana i koji su počinili najveće zlo bačeni su na to mesto. Veliki broj ljudi koji su počinili relativno lakše

Da li stvarno postoje Nebo i Pakao?

grehove idu u viši, prošireni deo Pakla.

Ipak, Nebo i Pakao mogu biti zamišljeni da formiraju oblik dijamanta. Međutim, vi ne treba da zaključujete da je Nebo oblika trougla ili da je Pakao u obliku naopako okrenutog trougla.

Velika provalija između Neba i Pakla

Ima velika provalija između gornjeg trougla – Neba – i naopako okrenutog trougla – Pakla. Nebo i Pakao nisu spojeni jedno sa drugim već su nemerljivo udaljeni.

Bog je postavio granicu tako jasno na ovaj način tako da duše ne Nebu i Paklu ne mogu da putuju nazad i napred između Neba i Pakla. Samo u posebnom slučaju odobrenim od Boga, moguće je da vidite i da pričate jedni sa drugima na način na koji je bogat čovek sa Avramom mogao.

Između dva simetrična trougla, nalazi se velika provalija. Ljudi ne mogu da dođu i da idu od Neba do Pakla, i obrnuto. Ipak, ako Bog dozvoli, ljudi na Nebu i Paklu mogu da vide, čuju, i razgovaraju jedni sa drugima u duhu bez obzira na razdaljinu.

Možda možete lakše da razumete ako se setite kako možete da razgovarate sa ljudima sa druge strane zemlje telefonom ili čak da pričate licem u lice na ekranima preko satelita zahvaljujući brzom napredovanju nauke i tehnologije.

Čak iako postoji velika provalija između Neba i Pakla, bogati čovek može da vidi Lazara koji se odmara pored Avrama i razgovara sa Avramom u duhu sa Božjom dozvolom.

Viši Grob i Raj

Da bi bili precizniji, Viši Grob nije deo Neba već može biti smatran da pripada Nebu dok je Niži Grob deo Pakla. Uloga Višeg Groba od vremena Starog do vremena Novog Zaveta se promenila.

Viši Grob u vremenu Starog Zaveta

U vremenu Starog Zaveta, spašene duše su čekale u Višem Grobu. Avram, praotac vere, bio je zadužen za Viši Grob i zato se spominje u Bibliji da je Lazar bio uz Avrama.

Kako bilo, od uskrsnuća i uzdizanja Gospoda Isusa Hrista, spašene duše nisu uz Avrama više već su prebačene u Raj i uz Gospoda su. Zbog toga u Jevanđelju po Luki 23:43, Isus kaže: *„Zaista ti kažem danas, bićeš sa Mnom u Raju"* jednom od razbojnika koji se pokajao i prihvatio Isusa kao Spasitelja dok je Isus visio na krstu.

Da li je Isus odmah otišao u Raj nakon Njegovog raspeća? 1. Poslanica Petrova 3:18-19 nam govori: *„Jer i Hristos jedanput za grehe naše postrada, pravednik za nepravednike, da nas privede k Bogu, ubijen, istina, bivši telom, no oživevši Duhom; kojim sišavši propoveda i duhovima koji su u tamnici."* Iz ovog stiha, vi možete da vidite da je Isus propovedao jevanđelje svim dušama koje će biti spašene i koje čekaju u Višem Grobu. Ja ću o ovome detaljnije raspravljati u poglavlju 2.

Isus, koji je propovedao jevanđelje tri dana u Višem Grobu, doveo je duše koje će biti spašene u Raj kada je uskrsnuo i uzdigao se na Nebo. Danas, Isus priprema mesto za nas na Nebu baš kao što je i rekao: „Idem da vam pripravim mesto" (Jevanđelje po Jovanu 14.2).

Raj u vreme Novog Zaveta

Spašene duše nisu više u Višem Grobu nakon što je Isus širom otvorio vrata spasenja. Oni borave na ivici Raja, u Čekaonici na putu ka Nebu sve do kraja ljudske kultivacije. I onda posle Suda Velikog belog prestola, svako od njih će ući u svoje sopstveno mesto na Nebu u skladu sa merom vere svakog pojedinca i živeće tamo za vek vekova.

Sve spašene duše čekaju u Raju u vremenu Novog Zaveta. Neki ljudi se možda pitaju da li je moguće da toliko mnogo ljudi živi u Raju zato što je mnogo ljudi rođeno još od Adama. „Pastore Li! Kako je moguće da tako mnogo ljudi živi u Raju? Bojim se da neće biti dovoljno veliko za sve ljude da žive zajedno čak iako je prostrano."

Solarni sistem kome zemlja pripada je samo tačka u upoređenju sa galaktičkim sistemom. Da li možete da zamislite koliko je veliki galaktički sistem? Međutim, galaktički sistem je samo tačka u poređenju sa celim univerzumom. Da li onda možete da zamislite koliko je prostran ceo univerzum?

Osim toga, ogroman univerzum u kome živimo je samo jedan od bezbroj univerzuma, a oblast celog univerzuma je daleko iznad naših zamisli. Tako, ako je nemoguće da zamislite obilnost fizičkog univerzuma, kako je moguće da zamislite obilnost Neba u duhovnom kraljevstvu?

Raj je sam po sebi veoma prostran van zamisli. On je neizmerivo dalek od najbližeg mesta do Prvog kraljevstva pa do ivice Raja. Možete li da zamislite koliko je sam Raj prostran?

Duše u Raju dobijaju duhovno znanje

Iako je u Raju čekaonica na putu ka Nebu, to nije žalosno i dosadno mesto. To je tako prelepo da ne može biti uporedivo sa najdivnijim predelima sa ovog sveta.

Duše koje čekaju u Raju dobijaju duhovno znanje od nekih proroka. Oni uče o Bogu i Nebu, duhovnom zakonu, i ostalom potrebnom duhovnom znanju. Tamo nema granice duhovnog znanja. Učenje tamo je potpuno drugačije od učenja na ovoj zemlji. Ono nije teško ili dosadno. Što više uče veću slavu i radost dobijaju.

Oni koji su čisti i nežni u srcu mogu čak i na ovom svetu da dobiju velike količine duhovnog znanja kroz razgovore sa Bogom. Vi takođe možete da razumete mnogo stvari kroz inspiraciju Svetog Duha kada vidite stvari svojim duhovnim očima. Vi možete da osetite duhovnu moć Boga čak i na ovom svetu zato što možete da razumete duhovne zakone o veri i Božje odgovore na vaše molitve sve do tačke da očistite vaše srce.

Koliko srećni i potpuno zadovoljni ćete biti kada naučite duhovne stvari i iskusite ih na ovom svetu? Zamislite koliko

Da li stvarno postoje Nebo i Pakao?

srećniji i radosniji ćete biti kada dostignete dublje duhovno znanje u Raju koji pripada Nebu.

Gde, onda, ti proroci žive? Da li oni žive u Raju? Ne. Duše kvalifikovane za ulazak u Novi Jerusalim ne čekaju u Raju već u Novom Jerusalimu, pomažući Bogu u Njegovim delima.

Avram je vodio računa o Višem Grobu pre nego što je Isus bio raspet. Međutim, nakon Isusovog vaskrsnuća i uzdignuća, Avram je otišao u Novi Jerusalim zato što je završio svoju dužnost u Višem Grobu. Onda, gde su Mojsije i Elijah bili dok je Avram bio u Višem Grobu? Oni nisu bili u Raju ali su već u Novom Jerusalimu zato što su oni bili kvalifikovani za ulazak u Novi Jerusalim (Jevanđelje po Mateju 17:1-3).

Viši Grob u vremenu Novog Zaveta

Možda ste videli film u kome čovekova duša liči na njegovo fizičko telo i odvaja se od njegovog tela nakon smrti i prati ili anđele sa Neba ili glasnike iz Pakla. U stvari, spašena duša je vođena na Nebo sa dva anđela sa belim haljinama nakon što njegova duša napusti telo u momentu kada umre. Onaj koji zna ili nauči ovo neće biti šokiran čak iako se njegova duša odvoji od njegovog tela kada umre. Onaj koji ne zna o ovome, međutim, je šokiran kada vidi drugu osobu koja izgleda potpuno kao on, kako se odvaja od njegovog tela.

Duša odvojena od fizičkog tela osećaće se najpre strano i čudno. Njegovo stanje je drugačije od predhodnog zato što je sada iskusio velike promene, živeo je u trodimenzionalnom a sada u četvorodimenzionalnom svetu.

Odvojena duša ne oseća težinu tela i može biti izazvana da leti okolo zato što se telo oseća veoma lakim. Zbog toga to zahteva neko vreme da se nauče osnovne stvari da bi se prilagodili duhovnom svetu. Zato, spašene duše u Novom Zavetu ostaju privremeno i prilagođavaju se za duhovni svet u Višem Grobu pre nego što uđu u Raj.

Niži Grob, čekaonica na putu za Pakao

Najviši deo Pakla je Niži Grob. Kako jedan ide dole ka Paklu, tamo postoji ognjeno jezero, jezero vrelog sumpora, i Ambis, najdublji delo Pakla. Nespašene duše od početka vremena nisu još u Paklu već su još uvek u Nižem Grobu.

Mnogi ljudi tvrde da su bili u Paklu. Ja mogu da kažem da su oni u stvari videli uznemiravajuće scene u Nižem Grobu. To je zbog toga što su nespašene duše ostavljene u različitim delovima Nižeg Groba u skladu sa merama svojih grehova i zla i najzad, oni će biti bačeni u ognjeno jezero ili u jezero vrelog sumpora nakon Suda Velikog Belog Prestola.

Patnje nespašenih duša u Nižem Grobu

U Jevanđelju po Luki 16:24, zadata patnja nad bogatim čovekom u Nižem Grobu je dobro opisana. U svojoj agoniji, bogati čovek je tražio kapljicu vode, govoreći: „*Oče Avraame! Smiluj se na me i pošlji mi Lazara neka umoči u vodu vrh*

Da li stvarno postoje Nebo i Pakao?

od prsta svog, i da mi rashladi jezik; jer se mučim u ovom plamenu."

Kako duše da ne budu prestravljene i da se ne tresu u strahu koji ledi krv kada su stalno mučene u sred ljudske vike u agoniji rasplamsale vatre bez nade za smrt u Paklu, gde crvi ne umiru, i gde se vatra ne gasi?

Okrutni glasnici Pakla muče duše u tamnom kao katran crnom Nižem Grobu. Celo mesto je okruženo krvlju i užasnim neprijatnim mirisom raspadnutih tela, tako da je veoma teško čak i za disanje. Međutim, kazna u Paklu nije uporediva sa onom u Nižem Grobu.

Od poglavlja 3 pa nadalje, detaljnije ću opisati na posebnim primerima koliko zastrašujuće mesto je Niži Grob i koje vrste nezamislivih kazni se čine u jezeru vatre i u jezeru vrelog sumpora.

Nespašene duše se toliko kaju u Nižem grobu

U Jevanđelju po Luki 16:27-30, bogati čovek nije verovao u postojanje Pakla ali shvatio je svoju glupost i osetio kajanje u vatri nakon svoje smrti. Bogati čovek je molio Avrama da pošalje Lazara njegovoj braći kako oni ne bi došli u Pakao.

„Molim te dakle, oče, da ga pošalješ kući oca mog, jer imam pet braće: neka im posvedoči da ne bi i oni došli na ovo mesto mučenja." Reče mu Avraam: „Oni imaju Mojsija i proroke, neka njih slušaju." A on reče: „Ne, oče Avraame! Nego ako im dođe ko iz

mrtvih pokajaće se!"

Šta bi bogati čovek rekao svojoj braći da mu je data prilika da lično sa njima razgovara? On bi im zasigurno rekao: „Ja sigurno znam da postoji Pakao. Molim vas, budite sigurni da živite po reči Boga i ne dođete u Pakao zato što je Pakao užasno mesto gde se kosa diže na glavi."

Čak i u beskonačnom mučnom bolu i patnji, bogati čovek je želeo da iskreno spasi svoju braću od dolaska u Pakao, i nema sumnje da je imao malo dobrote u srcu. Onda, šta je sa ljudima danas?

Jednom mi je Bog pokazao venčani par koji se mučio u Paklu zato što su oni zaboravili Boga i napustili crkvu. U Paklu, oni su osuđivali, proklinjali, mrzeli jedan drugog, i čak su želeli da se više bola nanosi onom drugom.

Bogati čovek je želeo da njegova braća budu spašena zato što je on u neku ruku imao dobro srce. Ipak, vi treba da se setite da je bogati čovek i uprkos tome bio bačen u Pakao. Vi takođe još morate da se setite da ne možete da dostignete spasenje samo govoreći: „Ja verujem."

Čoveku je suđeno da umre i otići će ili na Nebo ili u Pakao posle smrti. Međutim, vi ne treba da budete budalasti već treba da postanete pravi vernik.

Mudar čovek priprema sebe za život posle smrti

Mudri ljudi zaista pripremaju sebe za život posle smrti dok većina ljudi radi naporno da dostignu i izgrade slavu, moć, bogatstvo, blagostanje, i dug život na ovoj zemlji. Mudri ljudi grade svoje bogatstvo na Nebu u skladu sa reči Božjom zato što znaju vrlo dobro da ne mogu ništa da ponesu sa sobom u grob.

Vi ste možda čuli neka svedočenja onih koji nisu mogli da pronađu svoj dom na Nebu kada su tamo bili u poseti čak iako su navodno verovali u Boga i vodili život u Hristu. Vi možete da imate veliku i lepu kuću na Nebu ako revnosno gradite bogatstvo na Nebu dok živite kao Božje dragoceno dete na ovoj zemlji.

Vi ste iskreno blagosloveni i mudri zato što se borite i održavate čvrstu veru da bi ušli u predivno Nebo i zato što ste revnosno gomilali vaše nagrade na Nebu u veri, pripremajući sebe kao mladu za Gospoda koji će se vrlo brzo vratiti.

Jednom kada čovek umre, on ne može svoj život iznova da živi. Ipak, molim vas imajte veru da postoji Nebo i Pakao. Povrh toga, znajući da su nespašene duše na ogromnim mukama u Paklu, vi treba da proklamujete Nebo i Pakao svakome sa kime se sretnete na ovoj zemlji. Zamislite koliko će Bog biti vama zadovoljan!

Oni koji najavljuju ljubav Boga, koji žele da povedu sve ljude ka putu spasenja, biće blagosloveni u ovom životu i takođe će blistati kao sunce na Nebu.

Ja se nadam da ćete vi verovati u živog Boga koji sudi i nagrađuje vas, i da ćete pokušati da postanete iskreno dete Božje. Molim se u ime Gospoda da ćete povesti što je više moguće ljudi nazad ka Bogu i spasenju, i biti mnogo voljeni od Boga.

Poglavlje 2

Put spasenja za one koji nikad nisu čuli jevanđelje

Sud savesti

Bebe nerođene zbog abortusa ili pobačaja

Deca od rođenja do pet godina

Deca od šest do pre tinejdžerskih godina

Da li su Adam i Eva spašeni?

Šta se desilo sa prvim ubicom Kainom?

„Jer kad neznabošci ne imajući Zakon sami
od sebe čine šta je po Zakonu, oni Zakon ne imajući
sami su sebi Zakon, oni dokazuju da je ono napisano
u srcima njihovim što se čini po Zakonu, budući da im
savest svedoči, i misli među sobom tuže se ili pravdaju."
- Poslanica Rimljanima 2:14-15 -

„A GOSPOD mu reče: Zato ko ubije Kajina,
osveta nad njim biće sedmostruka. I načini Gospod znak
na Kajinu da ga ne ubije ko ga nađe."
- Postanak 4:15 -

Bog je dokazao Svoju ljubav dozvolivši da Njegov jedan i jedini Sin Isus Hrist bude razapet za spasenje svih ljudi.

Roditelji vole svoju dečicu ali žele da njihova dečica postanu dovoljno odrasla da razumeju njihova srca i podele svoju radost i bol zajedno.

Međutim, Bog želi da sva ljudska bića budu spašena. Šta više, Bog želi da Njegova deca postanu dovoljno odrasla u veri da znaju srce Boga Oca i podele duboku ljubav sa Njim. Zbog ovoga apostol Pavle piše u 1. Timoteju Poslanici 2:4 da Bog želi da svi ljudi budu spašeni i da saznanju istinu.

Vi treba da znate da Bog pokazuje Pakao i duhovni svet do detalja zato što Bog u Svojoj ljubavi želi da svi ljudi dobiju spasenje i postanu potpuno odrasli u veri.

U ovom poglavlju, ja ću objasniti do detalja da li je moguće da oni koji su umrli bez saznanja o Isusu Hristu mogu biti spašeni.

Sud savesti

Mnogi ljudi koji ne veruju u Boga bar prihvataju postojanje Neba i Pakla, ali oni ne mogu jednostavno da uđu na Nebo samo zbog toga što prihvataju Nebo i Pakao.

Baš kao što je Isus rekao u Jevanđelju po Jovanu 14:6: *„Ja sam put i istina i život; niko neće doći k Ocu do kroza Me,"* vi možete da budete spašeni i uđete na Nebo samo kroz Isusa Hrista.

Kako, onda vi možete biti spašeni? Apostol Pavle u Poslanici Rimljanima 10:9-10 nam pokazuje put do konkretnog spasenja:

Jer, ako priznaješ ustima svojim da je Isus Gospod, i veruješ u srcu svom da Ga Bog podiže iz mrtvih, bićeš spasen; jer se srcem veruje za pravdu, a ustima se priznaje za spasenje.

Dozvolite nam da pretpostavimo da ima nekih ljudi koji ne znaju Isusa Hrista. Kao ishod, oni se ne izjašnjavaju: „Isus je Gospod." Takođe oni ne veruju u Isusa Hrista sa svojim srcem. Onda da li je istina da niko od njih ne može biti spašen?

Veliki broj ljudi je živeo pre Isusovog dolaska na zemlju. Čak i u vremenu Novog Zaveta, postoje ljudi koji su umrli a da nisu čuli jevanđelje. Da li ti ljudi mogu biti spašeni?

Koja bi bila sudbina nekih ljudi koji su umrli tako rano a da nisu nikada odrasli ili bili dovoljno mudri da prepoznaju veru? Šta je sa nerođenom decom koja su umrla zbog abortusa ili zbog pobačaja? Da li ona moraju da odu u Pakao bezuslovno zato što nisu verovala u Isusa Hrista? Ne, ona ne moraju.

Bog ljubavi otvara vrata spasenja za svakoga u Svojoj pravdi kroz „sud savesti."

Oni koji su tražili dobro i živeli sa dobrom savešću

Poslanica Rimljanima 1:20 objavljuje: „*Jer šta se na Njemu ne može videti, od postanja sveta moglo se poznati i videti na stvorenjima, i Njegova večna sila i božanstvo, da nemaju izgovora.* " Zbog toga ljudi dobrog srca veruju u postojanje božanstva samim viđenjem šta je napravljeno.

Knjiga Propovednika 3:11 nam govori da je Bog postavio večnost u srcima ljudi. Tako da dobri ljudi po svojoj prirodi i naravi traže božanstvo i maglovito veruju u život posle smrti. Dobri ljudi se plaše nebesa i pokušavaju da vode dobar i pravedan život čak iako možda nikada nisu čuli jevanđelje. Zbog toga, oni žive u skladu sa željama svojih božanstva do određene mere. Ako su oni samo čuli jevanđelje, oni će zasigurno prihvatiti Gospoda i ući na Nebo.

Baš iz ovog razloga, Bog je dozvolio dobrim dušama da ostanu u Višem Grobu kao put da bi ih poveo na Nebo sve dok Isus nije umro na krstu. Nakon raspeća Isusa, Bog ih je vodio do spasenja kroz krv Isusa i dozvolio im je da čuju jevanđelje.

Čuti jevanđelje u Višem Grobu

Biblija nam govori da je Isus propovedao jevanđelje u Višem Grobu nakon što je On umro na krstu.

Kao što 1. Poslanica Petrova 3:18-19 beleži: *„Jer i Hristos jedanput za grehe naše postrada, pravednik za nepravednike, da nas privede k Bogu, ubijen, istina, bivši telom, no oživevši Duhom; kojim sišavši propoveda i duhovima koji su u tamnici"* Isus je propovedao jevanđelje dušama u Višem Grobu kako bi oni bili spašeni takođe kroz Njegovu krv.

Kada bi čuli jevanđelje, ljudi koji ga nisu čuli za svog života konačno dobijaju šansu da saznaju ko je Isus Hrist bio i budu spašeni.

Bog je dao nijedno drugo ime osim Isus Hrist da povede ljude u spasenju (Dela Apostolska 4:12). Čak i tokom vremena Novog Zaveta, oni koji nisu imali priliku da čuju jevanđelje su spašeni kroz sud savesti. Oni ostaju u Višem Grobu tri dana da čuju jevanđelje i onda ulaze na Nebo.

Ljudi sa sramnom savešću nikada ne traže Boga i žive u grehu, zadovoljeni svojim sopstvenim strastima. Oni neće verovati u jevanđelje čak iako ga čuju. Posle smrti, oni će da budu poslani u Niži Grob da žive u kazni i verovatno će pasti u Pakao nakon Suda Velikog belog prestola.

Sud savesti

Nemoguće je da jedan sudi o nečijoj savesti tačno zato što prost čovek ne može tačno da pročita ljudsko srce. Ipak, svemogući Bog može da razlikuje svačije srce i napravi pošteni sud.

Poslanica Rimljanima 2:14-15 objašnjava sud savesti. Dobri ljudi znaju šta je dobro ili loše zato što im njihova savest dozvoljava da znaju zahteve Zakona.

Jer kad neznabošci ne imajući Zakon sami od sebe čine šta je po Zakonu, oni Zakon ne imajući sami su sebi Zakon, oni dokazuju da je ono napisano u srcima njihovim što se čini po Zakonu, budući da im savest svedoči, i misli među sobom tuže se ili pravdaju.

Ipak, dobri ljudi ne prate put zla već prate put dobrote u

svom životu. Stoga, u skladu sa sudom savesti, oni ostaju u Višem Grobu tri dana, tokom kojih će čuti jevanđelje i biti spašeni.

Vi možete da imenujete admirala Sonšun Lija (Soonshin Lee)* kao primer koji je živeo u dobroti po svojoj dobroj savesti (*Urednikova zabeleška: Admiral Li bio je vrhovni komandant moranarice tokom dinastije Čosun (Chosun) u Koreji za vreme 16.tog veka). Admiral Li je živeo u istini čak iako nije znao za Isusa Hrista. On je oduvek bio odan svome kralju, svojoj zemlji, i ljudima koje je čuvao. On je bio dobar i veran prema svojim roditeljima i voleo je svoju braću. On nikada nije stavljao svoje interese iznad drugih, i nikada nije tražio slavu, vlast, ili bogatstvo. On je samo služio i žrtvovao je sebe za svoje komšije i ljude.

Vi ne možete da nađete ni jedan trag zla u njemu. Admiral Li je bio prognan bez ijedne žalbe ili namere da se sveti svom neprijatelju čak iako je bio pogrešno optužen. On se nije žalio kralju čak i kada je kralj, koji ga je isterao u prognanstvo, naredio njemu da se bori na bojnom polju. Umesto toga, on je zahvaljivao kralju svim svojim srcem, postavio dobro ponovo svoje trupe, i borio se u bitkama rizikujući svoj život. Šta više, on je imao vremena da se moli svome bogu na kolenima zato što je priznavao postojanje jednog. Iz kog razloga ga ne bi Bog poveo u Nebo?

Oni koji su isključeni od suda savesti

Da li ljudi koji su čuli jevanđelje ali nisu verovali u Boga mogu da budu podvrgnuti sudu savesti?

Vaši članovi porodice ne mogu biti podvrgnuti sudu savesti ako ne prihvate jevanđelje nakon što ga čuju od vas. Pravedno je za njih da ne budu spašeni ako su odbili jevanđelje iako su imali mnogo prilika da ga čuju.

Međutim, vi bi trebalo da propovedate dobre vesti marljivo, zato što čak iako su ljudi slabi dovoljno da odu u Pakao, vi ćete im omogućiti da imaju više mogućnosti da dobiju spasenje kroz vaša dela.

Svako Božje dete je dužnik u jevanđelju i ima obavezu da ga širi. Bog će vas pitati Sudnjeg Dana ako niste propovedali jevanđelje vašoj porodici, uključujući vaše roditelje, braću i sestre, i vaše rođake i tako dalje. „Zašto niste propovedali hrišćanstvo vašim roditeljima i braći?" „Zašto niste propovedali hrišćanstvo vašoj deci?" „Zašto niste propovedali hrišćanstvo vašim prijateljima?" i tako dalje.

Zbog toga, vi bi trebali da širite dobre vesti ljudima dan za danom ako zaista razumete ljubav Boga koji je čak i žrtvovao Svog jednog i jedinog Sina, i ako zaista znate ljubav Gospoda koji je umro na krstu za nas.

Spašavanje duša je jedan put ka utoljenju žeđi Gospoda koji je plakao na krstu: „Ja sam žedan," i nadoknaditi cenu krvi Gospoda.

Bebe nerođene zbog abortusa ili pobačaja

Koja je sudbina nerođenih beba koja su umrla zbog pobačaja

pre nego što su se rodila? Posle fizičke smrti, duša ljudskog bića je je osuđena da ide ili na Nebo ili u Pakao zato što duša ljudskog biće, čak iako je veoma mlada, ne može biti uništena.

Duh dat pet meseci nakon začeća

Kada je duh dat fetusu? Duh nije dat fetusu sve do šestog meseca trudnoće.

U skladu sa medicinskom naukom, nakon pet meseci posle začeća, fetus razvija čulo sluha, oči i očne kapke. Moždana ispupčenja koja aktiviraju mozak se takođe formiraju pet do šest meseci nakon začeća.

Kada je fetus šest meseci star, njemu je dat duh i praktično ima oblik ljudskog bića. Fetus ne ide u Pakao ili na Nebo kada je pobačeno pre nego što mu je dat duh zato što je fetus bez duha isto što i životinja.

Knjiga Propovednika 3:21 govori: „*Ko zna da dah čoveka ide gore, a dah zveri se spušta dole po zemlji?*" „Dah čoveka" ovde ukazuje šta je kombinovano sa ljudskim duhom koja je dat od Boga i vodi čoveka da traga za Bogom i njegovom dušom koja ga navodi da razmišlja i da se povinuje Reči Božjoj, dok „dah životinje" se samo odnosi na dušu, to jest na sistem koji mu uzrokuje da misli i radi.

Određena životinja postaje mrtva kada umre zato što ima samo dušu ali ne i duh. Fetus koji je manji nego pet meseci tokom trudnoće nema duh. Prema tome, ako ono umre, ono će nestati na način na koji životinje nestaju.

Abortus je isto tako težak greh kao i ubistvo

Onda, nije li greh abortirati fetus koji je manji od pet meseci pošto nema duha u njemu? Vi ne treba da počinite greh abortiranjem fetusa, bez obzira na vreme kada je duh dat fetusu, znajući da samo Bog vlada ljudskim životom.

U Psalmima 139:15-16, psalmopisac piše: *„Nijedna se kost moja nije sakrila od Tebe, ako i jesam sazdan tajno, otkan u dubini zemaljskoj; zametak moj videše oči Tvoje, u knjizi je Tvojoj sve to zapisano, i dani zabeleženi, kad ih još nije bilo nijednog."*

Bog ljubavi je znao za svakog od vas pre nego što ste bili formirani u majčinoj utrobi i ima predivne ideje i planove za vas do toga da je sve to napisano u Njegovoj knjizi. Zbog toga ljudsko biće, prosto biće Boga, ne može da kontroliše život fetusa, čak iako je manje od pet meseci staro.

Abortirati fetus je isto kao i počiniti ubistvo zato što gazite vlast Boga koji vlada životom, smrću, blagoslovom, i prokletstvom. Šta više, kako možete da se usudite da tvrdite da je to beznačajan greh kada ste ubili vašeg sopstvenog sina ili kćer?

Zaslužena kazna za greh i iskušenja koja slede

Pod nikakvim okolnostima i bez obzira koliko je teško, nikada ne trebate da narušavate suverinitet Boga nad ljudskim životom. Šta više, nije ispravno da abortirate svoje dete zbog zabave ili zadovoljstva. Vi morate da shvatite da ćete požnjeti šta ste zasejali, i da ćete platiti za ono što ste učinili.

Mnogo je ozbiljnije ako abortirate fetus posle šest meseci ili više tokom trudnoće. To je isto kao i ubistvo odraslog zato što mu je već dat duh.

Abortus stvara veliki zid greha između vas i Boga. Kao ishod, vi ste napadnuti sa bolovima uzrokovanih od različitih iskušenja i nevolja. Postepeno, ako ne rešite problem greha vi ste odbačeni od Boga kroz zid greha, i vremenom vi ćete možda otići previše daleko da bi mogli da se vratite.

Čak i oni koji ne veruju u Boga biće kažnjeni i sve vrste iskušenja i nevolja biće dovedene na njih ako su počinili uništavanje fetusa što je ubistvo. Iskušenja i nevolje uvek će ih pratiti zato što Bog ne može da ih zaštiti i okreće Njegovo lice od njih ako ne sruše zid greha.

Pokajte se u grehu potpuno i srušite zid greha

Bog je dao Njegove zapovesti ne da bi osudio ljudska bića već da bi oživeo Njegovu volju, poveo ka pokajanju, i spasio ih.

Bog takođe dozvoljava vama da razumete ove stvari u upoređenju sa abortusom kako ne bi počinili ovaj greh i mogli da uništite zid greha pokajanjem od grehova iz prošlosti.

Ako ste abortirali vaše dete u prošlosti, istinski se pokajte i srušite zid greha tako što ćete prinositi darove izmirenja. Onda, iskušenja i nevolje će da nestanu pošto Bog više neće da se seća vaših grehova.

Ozbiljnost greha se razlikuje od slučaja do slučaja kada abortirate dete. Na primer, ako ste abortirali vaše dete zato što ste zatrudneli zbog silovanja, vaš greh je relativno blaži. Ako bračni par abortira njihovo neželjeno dete, njihov greh je mnogo teži.

Ako ne želite dete in posebnog razloga, vi bi trebalo da predate dete u vašoj utrobi Bogu sa molitvama. U takvom slučaju, vi bi trebalo da rodite vaše dete ako Bog ne čini u skladu sa vašim molitvama.

Većina abortirane dece je spašena ali ima izuzetaka

Šest meseci nakon začeća, fetus, čak iako mu je dat duh, ne može razumno da misli, razume ili veruje u nešto sopstvenom voljom. Zato, Bog spašava većinu fetusa koji su umrli u ovom periodu bez obzira na njihovu veru ili na veru njihovih roditelja.

Obratite pažnju da sam rekao „većina" a ne „svi" fetusi zato što u retkim slučajevima, fetus ne može biti spašen.

Fetus može da nasledi bezbožnu narav od momenta začeća od svojih roditelja ili praroditelja koji su se mnogo protivili Bogu i nagomilai zlo preko zla. U ovom slučaju, fetus ne može biti spašen.

Na primer, to može biti dete vračara ili dete bezbožnih roditelja koji proklinju ili žele samo bolest za druge ljude kao što je Hi-bin Jang (Hee-bin Jang)* u korejskoj istoriji (*Urednikov zapis: Gospođa Jang je bila konkubina kralja Suk-jonga (Sookjong) u kasnijem sedamnaestom veku, koja je, zbog ljubomore, proklela kraljicu). Ona je proklela suparnicu tako što je u velikoj ljubomori strelama probadala njen portret. Deca takvih bezbožnih roditelja ne mogu biti spašena zato što su nasledili zle osobine svojih roditelja.

Ima takođe ekstremno bezbožnih ljudi među onima koji

tvrde da veruju. Takvi ljudi se suprostavljaju, potcenjuju, osuđuju, i ometaju delo Svetog Duha. U ljubomori, oni takođe pokušavaju da ubiju one koji slave ime Gospoda. Ako su pobačena deca ovakvih roditelja, ona ne mogu biti spašena. Sa izuzecima ovakvih retkih slučajeva, većina nerođene dece je spašena. Međutim, oni ne mogu da odu na Nebo, čak i u Raj pošto nisu nimalo bili kultivisani na ovoj zemlji. Oni žive u Višem Grobu čak i posle Suda Velikog belog prestola.

Večno mesto za spašene nerođene bebe

Abortirani fetusi šest meseci ili ranije tokom trudnoće u Višem Grobu su kao prazan beli papir pošto nisu kultivisani na zemlji. Zbog toga, oni će ostati u Višem Grobu i biće im dato odgovarajuće telo za njihovu dušu u vreme uskrsnuća.

Oni će dobiti telo koje će se menjati i rasti ne kao kod drugih spašenih ljudi koji će dobiti duhovno i večno telo. Zato, čak iako su oni u veličini i obliku deteta najpre, oni će rasti dok ne dostignu prigodan uzrast.

Ova deca, čak i kada izrastu, ostaće u Višem Grobu, ispuniće svoje duše znanjem i istinom. Vi možete da razumete ovo lako ako mislite o Adamovom početnom stanju u Edemskom Vrtu i njegovom procesu učenja.

Adam je bio stvoren od duha, duše, i tela, kada je bio stvoren kao ljudsko biće. Međutim, njegovo telo je bilo drugačije od duhovnog, oživljeno telo i njegova duša su bila neupućena kao kod novorođene bebe. Međutim, Lično Bog je dao Adamu duhovno znanje, šetao je sa njim veoma dugo vremena.

Vi treba da znate da je Adam u Edemskom Vrtu stvoren bez ikakvog zla u njemu ali duše u Višem Grobu nisu dobre kao Adam, zato što su one već nasledile grešne osobine od njihovih roditelja koji su iskusili ljudsku kultivaciju generacijama.

Čak i posle Adamovog propasti, od tada svi njegovi naslednici su nasledili prvorodni greh od njihovih roditelja.

Deca od rođenja do pet godina

Kako mogu deca do pet godina, koja ne mogu da kažu šta je dobro ili loše i ne prepoznaju veru, ipak biti spašena? Spasenje dece u ovom uzrastu je zavisno od vere njihovih roditelja-naročito, njihovih majki.

Dete može dobiti spasenje ako roditelji deteta imaju vrstu vere da bude spašeno i odgajaju svoje dete u veri (1. Korinćanima Poslanica 7:14). Ipak, nije istina da dete bezuslovno ne može biti spašeno samo zato što roditelji deteta nemaju veru.

Ovde, vi možete da iskusite ljubav Boga ponovo. Postanak 25 nam pokazuje da je Bog predvideo da će Jakob biti veći u budućnosti od svog starijeg brata Isava dok su ratovali u majčinoj utrobi. Sveznajući Bog vodi svu decu koja su umrla pre pete godine ka spasenju u skladu sa sudom savesti. Ovo je moguće zato što Bog zna da li bi deca prihvatila Gospoda, ako bi živela u preko tih godina, kada bi čula jevanđelje kasnije u svom životu.

Ipak, deca čiji roditelji nemaju veru i koji ne prolaze sud savesti neizbežno padaju u Niži Grob koji pripada Paklu i biće tamo mučena.

Sud savesti i vera njihovih roditelja

Dečije spasenje jako zavisi od roditeljske vere na ovaj način. Stoga, roditelji treba da podižu svoju decu po reči Božjoj tako da njihova deca ne bi završila u Paklu.

Pre mnogo vremena, određeni par koji nije imao nijedno dete dobio je dete sa zavetom u molitvi. Međutim, dete je bilo prevremeno ubijeno u saobraćajnoj nesreći.

Ja sam mogao da nađem razlog smrti njihovog deteta u molitvi. To je zato što molitva detetovih roditelja je postala hladna i oni su bili daleko od Boga. Dete nije moglo da ide u vrtić povezan sa crkvom zato što su se njegovi roditelji upuštali u ovozemaljski način života. Prema tome, dete je počelo da peva necrkvene svetovne pesme umesto pesama koje slave Boga.

U to vreme, dete je imalo veru da dobije spasenje ali nije moglo da bude spašeno ako bi raslo pod uticajem njegovih roditelja. U ovoj situaciji, Bog, kroz saobraćajnu nesreću, pozvao je dete u večni život i dao je njegovim roditeljima šansu za pokajanje. Da su se roditelji pokajali i vratili se Bogu bez da su videli svoje dete nasilno ubijeno, On ne bi preuzeo takve mere.

Roditeljska odgovornost za dečije duhovno odrastanje

Vera roditelja ima direktan uticaj na spasenje njihove dece. Dečja vera ne može da raste dobro ako njegovi roditelji ne vode računa o njihovom duhovnom rastu već duhovnu nadgradnju

ostavljaju samo nedeljnoj školi (Crkvena škola-veronauka).
Roditelji moraju da se mole za svoju decu, proveravaju da li oni uvek bogosluže u duhu i iskrenog srca, i kod kuće ih uče da vode život u molitvama time što će biti dobar primer za njih.

Ja ohrabrujem sve roditelje da budu budni u svojoj sopstvenoj veri i odgajaju svoju voljenu decu u Gospodu. Blagoslovim da vaša porodica može da uživa u večnom životu zajedno na Nebu.

Deca od šest do pre tinejdžerskih godina

Kako mogu deca od šeste godine do pre tinejdžerskih godina – oko dvanaeste godine – biti spašena?

Ova deca mogu da razumeju jevanđelje kada ga čuju i oni takođe mogu da odluče šta da veruju sopstvenom voljom i mislima, ne u potpunosti ali bar do određene mere.

Godište uzrasta dece ovde utvrđeno, naravno, može biti pomalo drugačije u svakom detetovom slučaju zato što svako od deteta raste, razvija se i odrasta u različitim mestima. Važan faktor je da normalno u ovim godinama, deca mogu da veruju u Boga sopstvenom voljom i mislima.

Lično svojom verom bez obzira na veru njihovih roditelja

Deca iznad šeste do dvanaeste godine života imaju dobar osećaj da odaberu veru. Zato, oni mogu biti spašeni sopstvenom verom bez obzira na veru svojih roditelja.

Put spasenja za one koji nikad nisu čuli jevanđelje

Vaša deca, stoga, mogu samo da odu u Pakao ako ih ne podižete u veri čak iako sami imate jaku veru. Postoje deca čiji su roditelji nevernici. U ovakvim slučajevima, mnogo je teže da ova deca dobiju spasenje.

Razlog zbog koga odvajam spasenje dece prvenstveno u godinama od puberteta do posle puberteta je zato što kroz Božju obilnu i prekomernu ljubav, sud savesti se može izvršiti nad pređašnjom grupom.

Bog može dati još jednu mogućnost ovoj deci da dobiju spasenje zato što deca tih godina ne mogu da odlučuju o važnostima potpuno i svojom voljom i pošto su još pod uticajem svojih roditelja.

Božja deca prihvataju Gospoda kada čuju jevanđelje i prime Svetog Duha. Oni takođe posećuju crkvu ali ne mogu da posećuju crkvu kasnije zbog velikog proganjanja od strane njihovih roditelja koji obožavaju idole. Kako bilo, u njihovim ranim tinejdžerskim godinama, oni mogu da odaberu šta je dobro i šta je loše svojom voljom bez obzira na uticaj roditelja. Oni mogu da održavaju svoju veru ako iskreno veruju u Boga bez obzira koliko žestoko dosađivanje i gonjenje njihovih roditelja može da bude.

Recimo da dete, koje je bi malo jaku veru da mu je bilo dozvoljeno da živi duže, umre rano. Šta će se, onda, desiti sa njim? Bog će ga voditi do spasenja po zakonu suda savesti zato što On zna dubinu detetovog srca.

Međutim, ako dete ne prihvati Gospoda i ne prođe sud savesti, on ili ona neće više imati prilike i neminovno će otići u pakao. Šta više, razumljivo je da spasenje ljudi iznad godina puberteta je isključivo zavisi od njihove sopstvenom vere.

Deca rođena u lošem okruženju

Spasenje prostog deteta koje ne može da napravi logično i jasno rasuđivanje široko zavisi od duha (prirode, snage ili sile) roditelja ili praroditelja.

Dete može da bude rođeno sa nekim mentalnim poremećajem ili može da bude opčinjeno demonima u veoma ranim godinama života na osnovu grešnosti i idolopoklonstva njegovih ili njenih praroditelja. Ovo je zato što naslednici su pod uticajem svojih roditelja i praočeva.

Imajući u vidu ovo, Knjiga Ponovljenih Zakona 5:9-10 nas upozorava sledeće:

> *Nemoj im se klanjati niti im služiti, jer sam Ja GOSPOD Bog tvoj, Bog revnitelj, koji na sinovima pohodim bezakonja otaca njihovih do trećeg i do četvrtog kolena, onih koji mrze na Me, a činim milost na hiljadama onih koji Me ljube i čuvaju zapovesti Moje.*

1. Poslanica Korinćanima 7:14 takođe napominje: „*Jer se posveti muž nekršten ženom krštenom, i posveti se žena nekrštena od muža krštenog; jer inače deca vaša bila bi nečista, a sad su sveta.*"

Isto tako, veoma je teško za decu da budu spašena ako njihovi roditelji ne žive u veri.

Pošto je Bog ljubav, On se ne okreće od onih koji zovu Njegovo ime čak iako su možda rođeni bezbožnom prirodom od njihovih roditelja i praočeva. Oni mogu biti odvedeni do spasenja zato što Bog odgovara njihovim molitvama kada se oni pokaju, pokušaju da žive po Njegovoj reči sve vreme, i uporno zovu Njegovo ime.

Poslanica Jevrejima 11:6 nam govori: *„A bez vere nije moguće ugoditi Bogu; jer onaj koji hoće da dođe k Bogu, valja da veruje da ima Bog i da On nagrađuje one koji Ga traže."* Čak iako su ljudi rođeni sa zlim osobinama, Bog menja njihove zle osobine u dobre i vodi ih ka Nebu kada se oni svojim dobrim delima raduju Njemu i požrtvovani su u veri.

Oni koji ne mogu sami da traže Boga

Neki ne mogu da traže Boga u veri zato što oni imaju mentalni poremećaj ili su opsednuti demonima. Šta, onda, oni treba da rade?

U ovakvom slučaju, njihovi roditelji ili članovi porodice moraju da demonstriraju i adekvatnu veličinu vere u ime tih ljudi pred Bogom. Bog ljubavi će onda otvoriti vrata spasenja, kada vidi njihovu veru i iskrenost.

Roditelji treba da se krive za sudbinu njihovog deteta ako dete umre pre nego što je dobilo priliku da primi spasenje. Zato, ja vas potstičem da razumete da je život u veri je veoma važan ne samo za same roditelje već i za njihovo potomstvo.

Vi takođe treba da razumete srce Boga koji vrednuje jednu

dušu više nego ceo svet. Ohrabrujem vas da imate obilnu ljubav da možete da se brinete ne samo o vašoj deci već i o deci vaših komšija i rođaka u veri.

Da li su Adam i Eva spašeni?

Adam i Eva su bili proterani na zemlju nakon što su iz neposlušnosti jeli sa drveta spoznaje dobra i zla i oni nikada nisu čuli jevanđelje. Da li su bili oni spašeni? Dozvolite mi da objasnim da li su prvi čovek Adam i Eva primili spasenje.

Adam i Eva nisu poslušali Boga

Na početku, Bog je napravio prvog čoveka Adama i Evu po Svom liku i voleo ih je veoma mnogo. Bog je unapred pripremio sve stvari kako bi oni bogato živeli i poveo ih je u Edenski vrt. Tamo, Adam i Eva nisu u ničemu oskudevali.

Šta više, Bog je dao Adamu veliku moć i vlast da vlada nad svim stvarima u univerzumu. Adam je vladao nad svim živim stvarima na zemlji, na nebu i ispod vode. Neprijatelj Satana i đavo nisu smeli da se usude da uđu u Rajski vrt zato što je bio čuvan i zaštićen pod vođstvom Adama.

Šetajući sa njima, Lično Bog im je toliko ljubazno pružao duhovno obrazovanje – na način na koji bi otac naučio svoju voljenu decu o svemu od A do Z. Adam i Eva nisu oskudevali u ničemu ali bili su uhvaćeni u zamku od zmije otrovnice i jeli su zabranjeno voće.

Oni su na okusili smrt u skladu sa rečju Božjom da će zasigurno umreti (Knjiga Postanka 2:17). Drugim rečima, njihov duh je umro iako su bili živa bića. Kao ishod tome, oni su bili proterani na zemlju iz prelepog Edenskog vrta. Ljudska kultivacija je počela na ovoj ukletoj zemlji i sve stvari na njoj bile su uklete u isto vreme.

Da li su Adam i Eva spašeni? Neki ljudi možda misle da oni nisu mogli da dobiju spasenje zato što su sve stvari bile uklete i njihova pokoljenja su patila prvenstveno zbog njihove neposlušnosti. I pored toga, Bog ljubavi je ostavio vrata spasenja otvorenim čak i za njih.

Adamovo i Evino potpuno pokajanje

Bog vam prašta sve dok se ne pokajete svim srcem i vratite se Njemu čak iako ste uprljani svim vrstama prvorođenog greha i stvarnim grehovima dok ste živeli na ovom svetu punom tame i bezbožnosti. Bog vam prašta sve dok se ne pokajete u dubini vašeg srca i vratite se Njemu čak iako ste bili ubica.

U poređenju sa današnjim ljudima, vi bi trebalo da znate da su Adam i Eva imali zaista čista i dobra srca. Šta više, Bog Sam ih je učio sa nežnom ljubavlju dugi vremenski period. Onda, kako bi Bog poslao Adama i Evu u Pakao bez da im oprosti jednom kada su se pokajali iz dubine njihovih srca?

Adam i Eva su patili veoma mnogo dok su bili kultivisani na ovoj zemlji. Oni su mogli da žive u miru i uvek su jeli sve vrste voća u svako doba u Vrtu Edemskom; sada, oni nisu mogli da jedu bez teškog rada i znoja. Eva je rađala u velikom bolu. Oni su prolivali suze i patili zbog tuge uzrokovane njihovim grehovima. Adam i Eva su takođe bili svedoci kada je jedan od njihovih sinova ubijen od strane drugog.

Koliko im je samo nedostajao njihov život pod zaštitom Boga u Vrtu Edemskom kada su iskusili takvu agoniju na ovom svetu? Kada su živeli u Vrtu, oni nisu prepoznali svoju sreću i nisu zahvaljivali Bogu zato što su imali život, obilje, i Božju ljubav koja im je dodeljena.

Ipak, sada su oni mogli da razumeju koliko su bili srećni u to vreme i došli su da zahvale Bogu zbog preobilne ljubavi koju im je On dao. Na kraju, oni su se iskreno pokajali od svojih grehova iz prošlosti.

Bog je otvorio vrata spasenja za njih

Plata za greh je smrt, ali Bog koji vlada sa svojom ljubavi i pravednosti oprašta grehove sve dok se ljudi iskreno ne pokaju.

Bog ljubavi je dozvolio Adamu i Evi da uđu na Nebo nakon što je primio njihovo pokajanje. Međutim, oni su jedva bili spašeni samo da žive u Raju zato što je Bog takođe pravedan. Njihov greh – odricanje od Božje velike ljubavi – nije bio onaj beznačajan. Adam i Eva su postali odgovorni za iziskivanje ljudske kultivacije isto kao i za patnju, bol, i smrt svojih pokolenja zbog svoje neposlušnosti.

Čak iako je Božje proviđenje dozvolilo Adamu i Evi da jedu sa drveta spoznaje dobra i zla, ova važna činjenica neposlušnosti dovela je mnogim ljudima patnju i smrt. Zbog toga, Adam i Eva nisu mogli da uđu na bolje mesto na Nebu osim u Raj i naravno, oni nisu mogli da dobiju nijednu veličanstvenu nagradu.

Božja dela s ljubavlju i pravdom

Hajde da mislimo o Božjoj ljubavi i pravdi kroz slučaj apostola Pavla.

Apostol Pavle je nekada bio glavni vođa u proganjanju vernika Isusovih i zatvarao ih je kada nije ispravno poznavao Isusa. Kada je Stefan bio mučen dok je svedočio o Gospodu, Pavle je gledao dok je Stefan bio kamenovan i smatrao je to ispravnim.

Međutim, Pavle je sreo Gospoda i prihvatio je Njega na putu ka Damasku. U to vreme, Gospod mu je rekao da će on biti apostol ne jevrejima i da će veoma patiti. Od tada, Pavle se iskreno pokajao i žrtvovao je ostatak svog života za Gospoda.

On je mogao da uđe u Novi Jerusalim zato što je izneo svoju misiju sa radošću uprkos velikoj patnji, i bio je odan dovoljno da da svoj život za Gospoda.

Zakon prirode je da požnjete ono što ste posejali na ovom svetu. Isto je i u duhovnom svetu. Vi ćete požnjeti dobrotu ako ste posadili dobrotu i vi ćete požnjeti zlo ako ste posadili zlo.

Kao što možete da vidite kroz slučaj apostola Pavla, prema tome, vi morate da čuvate vaše srce, ostanete budni, i imajte uvek na pameti da će vas iskušenja pratiti zbog vaših zlih dela iz prošlosti čak iako vam je oprošteno kroz iskreno pokajanje.

Šta se desilo sa prvim ubicom Kainom?

Šta se desilo sa prvim ubicom Kainom, koji je umro a da čak nije čuo jevanđelje? Dozvolite nam da ispitamo da li je ili nije bio spašen kroz sud savesti.

Braća Kain i Avelj prineli su žrtvu Bogu

Adam i Eva su izrodili decu na zemlji nakon što su bili izbačeni iz Vrta Edemskog. Kain je bio njihov prvi sin a Avelj je bio Kainov mlađi brat. Kada su oni porasli, oni su prineli darove Bogu. Kain je doneo neke plodove zemlje kao dar Bogu a Avelj je doneo jedno od prvorođenih debelih jagnjadi iz svog stada.

Bog je dobro pogledao sa zadovoljstvom na Avelja i njegov dar ali ne i na Kainove dar. Onda zašto je Bog gledao sa zadovoljstvom na Avelja i njegov dar?

Vi ne smete dati darove Bogu protiv Njegove volje. U skladu sa zakonom duhovnog sveta, vi treba da se molite Bogu sa požrtvovanom krvlju koja može da oprosti grehove. Međutim, u vreme Starog Zaveta, ljudi su žrtvovali volove ili jagnjad da bi služili Bogu a u vremenu Novog Zaveta, Isus Jagnje Božje postao je iskupljenička žrtva prolivajući Svoju krv.

Bog vas prihvata sa zadovoljstvom, odgovara na vaše molitve, i blagoslovi vas kada mu služite sa požrtvovanom krvlju, to jest, samo onda kada mu služite u duhu. Duhovno požrtvovanje znači služiti Bogu u duhu i istini. Bog ne prihvata vaše bogosluženje sa zadovoljstvom ako dremate ili ako slušate poruku sa beskorisnim mislima tokom službi bogosluženja.

Put spasenja za one koji nikad nisu čuli jevanđelje

Bog je gledao sa zadovoljstvom na Avelja i njegov dar

Adam i Eva naravno da su znali veoma dobro duhovni zakon koji se ticao žrtvenih darova zato što ih je Bog učio o zakonu u Edemskom vrtu dugi vremenski period dok je šetao sa njima. Naravno, oni su zasigurno učili svoju decu kako da daju darove Bogu kako dolikuje.

Sa jedne strane, Avelj je služio Bogu sa požrtvovanom krvlju pokoravajući se roditeljskom učenju. Sa druge strane, Kain nije doneo dar požrtvovanja već je doneo nešto od voća iz zemlje kao dar Bogu sopstvenim rasuđivanjem.

Imajući u vidu ovo, Poslanica Jevrejima 11:4 govori: *„Verom prinese Avelj Bogu veću žrtvu nego Kain, kroz koju dobi svedočanstvo da je pravednik, kad Bog posvedoči za dare njegove; i kroz nju on mrtav još govori."*

Bog je prihvatio Aveljov dar zato što je duhovno služio Bogu u pokoravanju Njegovoj volji sa verom. Međutim, Bog nije prihvatio Kainove darove zato što on nije služio Njemu u duhu već je samo služio Njemu vodeći se svojim normativima i metodama.

Kain je iz zavisti ubio Avelja

Videvši da je Bog prihvatio samo bratovljev dar a ne njegov, Kain je bio veoma ljut i njegovo lice je bilo utučeno. Konačno, on je napao Avelja i ubio ga je.

U okviru samo jedne generacije od kako je na ovoj zemlji počela ljudska kultivacija, nepokoravanje zakonu je uzrokovalo zavist, zavist je uzrokovala pohlepu i mržnju, a pohlepa i mržnja su se rascvetale u ubistvo. Koliko užasno je ovo?

Vi možete da vidite koliko brzo ljudi truju svoje srce grehom kada jednom puste greh u svoje srce. Zbog toga vi ne treba da dozvolite čak ni beznačajnom grehu da uđe u vaše srce već treba da ga odmah uklonite.

Šta se desilo sa prvim ubicom Kainom? Neki ljudi raspravljaju o tome da Kain nije mogao biti spašen zato što je ubio svog pravednog brata Avelja.

Kain je kroz svoje roditelje znao ko je Bog. U poređenju sa današnjim ljudima, ljudi u danima Kaina nasledili su relativno laki prvorodni greh od svojih roditelja. Kain, čak iako je ubio svoga brata u momentu zavisti, je takođe bio čist u svojoj savesti.

Međutim, čak iako je počinio ubistvo, Kain je mogao da se pokaje kroz Božju kaznu i Bog je pokazao milost nad njim.

Kain je bio spašen posle potpunog pokajanja

U Knjizi Postanka 4:13-15, Kain se raspravljao sa Bogom zato što je Njegova kazna bila veoma teška i pitao je za Njegovu milost kada je bio proklet i postao je skitnica bez odmora na ovoj zemlji. Bog odgovara: *„Zato ko ubije Kajina, sedam će se puta to pokajati“* i Bog je postavio znak na Kaina tako da niko nije mogao da njega ubije.

Ovde, morate da razumete koliko se iskreno Kain pokajao nakon što je ubio svoga brata. Samo tako, on je mogao da komunicira sa Bogom i Bog je mogao da stavi znak na njega kao jemstvo za Njegov oproštaj. Da je Kain bio izgubljen i osuđen da završi u Paklu, onda zašto bi Bog čuo Kainovu molbu na prvom mestu, i šta više što bi stavio znak na njega? Kain je morao da bude skitnica bez odmora na zemlji kao kazna što je ubio svoga brata i na kraju je dobio spasenje kroz okajanje svojih grehova. Ipak, kao u Adamovom slučaju, Kain je jedva bio spašen i dozvoljeno mu je da živi u spoljašnjem krugu, čak i ne u centru, u Raju.

Bog pravde nije mogao da dozvoli Kainu da uđe na bolje mesto na Nebu van Raja uprkos njegovom pokajanju. Čak iako je Kain živeo u relativno čistijem i manje grešnom dobu, on je ipak bio dovoljno zao da ubije svoga brata.

Bez obzira na to, Kain je možda i bio u mogućnosti da uđe na bolje mesto na Nebu ako bi kultivisao svoje zlo srce u dobro i uradio ono najbolje da udovolji Bogu svom svojom snagom i svim svojim srcem. Ipak, Kainova savest čak nije bila toliko čista ni dobra.

Zašto Bog odmah ne kažnjava zle ljude?

Vi možete da imate mnogo pitanja dok vodite život u veri. Neki ljudi su mnogo zli ali Bog njih ne kažnjava. Drugi pate od bolesti ili umiru zbog svoje zlobnosti. Treći, pak, umiru u ranim godinama čak iako se čini da su veoma odani Bogu.

Na primer, kralj Saul je bio dovoljan zao u srcu da pokuša da ubije Davida čak iako je znao da je Bog miropomazao Davida. Ipak, Bog je ostavio kralja Saula nekažnjenim. Kao ishod, Saul je progonio Davida još više.

Ovo je bio primer proviđenja ljubavi Božje. Bog je hteo da

trenira Davida i načini ga velikim vođom i konačno načini kralja od njega kroz zlobnog Saula. Zbog toga je kralj Saul umro kada se Božje disciplinovanje nad Davidom okončalo. Isto tako, zavisno od svakog pojedinca, Bog kažnjava ljude odmah ili im dozvoljava da žive nekažnjeno. Sve obuhvata proviđenje i ljubav Boga.

Vi treba da težite za boljim mestom na Nebu

U Jevanđelju po Jovanu 11:25-26, Isus govori: *"Ja sam vaskrsenje i život; koji veruje Mene ako i umre živeće, i nijedan koji živi i veruje Mene neće umreti vavek. Veruješ li ovo?"*
Oni koji su dobili spasenje kroz prihvatanje jevanđelja će zasigurno oživeti, staviće duhovno telo, i uživaće u večnoj slavi na Nebu. Oni koji su još uvek živi na zemlji biće uzdignuti u oblak da sretnu Gospoda u vazduhu kada On silazi sa Neba. Što više ličite na sliku Boga, bolje mesto na Nebu ćete vi posedovati.

O ovome, Isus nam govori u Jevanđelju po Mateju 11:12 da: *"A od vremena Jovana Krstitelja do sad carstvo nebesko na silu se uzima, i siledžije dobijaju ga."* Isus nam je dao drugo obećanje u jevanđelju po Mateju 16:27: *"Jer će doći Sin čovečiji u slavi Oca Svog s anđelima Svojim, i tada će se vratiti svakome po delima njegovim."* 1. Korinćanima Poslanica 15:41 takođe zapaža da: *"Druga je slava suncu, a druga slava mesecu, i druga slava zvezdama; jer se zvezda od zvezde razlikuje u slavi."*

Vi ne možete a da ne težite za boljim mestom u okviru Neba. Vi bi trebalo da postanete svetiji i još više verniji u celoj Božjoj kući kako bi vam bilo dozvoljeno da uđete u Novi Jerusalim gde je Božji presto smešten. Poput seljaka na žetvi, Bog želi da povede što je više moguće ljudi na bolje Nebesko kraljevstvo kroz ljudsku kultivaciju na zemlji.

Vi treba da dobro poznajete duhovni zakon da bi ušli na Nebo

Ljudi koji ne znaju za Boga i Isusa Hrista jedva da mogu da uđu u Novi Jerusalim čak iako su oni bili spašeni kroz sud savesti.

Ima ljudi koji ne znaju jasno proviđenje ljudske kultivacije, srce Boga, i duhovni svet čak iako su čuli jevanđelje. Prema tome, oni niti znaju da snažan čovek dostiže Nebesko kraljevstvo niti imaju bilo kakvu nadu za Novi Jerusalim.

Bog nam govori da: *„Budi veran do same smrti, i daću ti venac života"* (Otkrivenje Jovanovo 2:10). Bog vas obilno nagrađuje na Nebu u skladu sa onim šta ste posejali. Nagrada je veoma dragocena zato što večno traje i ostaje veličanstvena vavek.

Kada čuvate ovo u mislima, vi možete sebe da pripremite dobro kao mladu Gospoda kao pet mudrih devica i ispunite ceo duh.

U 1. Solunjanima Poslanici 5:23 NKJV (Nova verzije Biblije Kralje Džejmsa) čitamo: *„A Sam Bog mira da posveti vas cele u svačemu; i ceo vaš duh i duša i telo da se sačuva bez krivice* *za dolazak Gospoda našeg Isusa Hrista."*

Prema tome, vi morate sebe marljivo da pripremite kao mladu za Gospoda da bi ispunili ceo duh pre nego što se vrati Gospod Isus Hrist, ili Bog pozove vašu dušu što može biti prvo.

Nije dovoljni doći u crkvu svake nedelje i reći: „Ja verujem." Vi morate da se otarasite svih vrsta zla i budete verni u u svim kućama Božjim. Što više udovoljavate Bogu, na bolje mesto na Nebu ćete moći da uđete.

Ja vas ohrabrujem da sa ovim znanjem postanete istinsko Božje dete. U ime Gospoda, ja se molim da vi ne hodate samo sa Gospodom ovde na ovoj zemlji već i da živite bliže Božjem prestolu na Nebu za vek vekova.

Poglavlje 3

Niži Grob i identiteti glasnika Pakla

Glasnici Pakla vode ljude u Niži Grob

Čekaonica za svet zlih duhova

U Nižem Grobu različite kazne za različite grehove

Lucifer upravlja Nižim Grobom

Identiteti glasnika Pakla

„Jer kad Bog ne poštede anđele koji sagrešiše,
nego ih metnu u okove mraka paklenog,
i predade da se čuvaju za sud."
- 2. Poslanica Petrova 2:4 -

„Vratiće se u pakao bezbožnici,
čak i svi narodi koji zaboravljaju Boga."
- Psalmi 9:17 -

U žetvi svake godine, seljaci su radosni u očekivanju na dobar urod. Ipak, veoma im je teško da požnju prvoklasno žito svaki put čak iako znaju da su radili marljivo dan za danom, noć za noći, bacali đubrivo, čistili od korova, i tako dalje. U prinosu će se biti i drugoklasno i trećeklasno žito, čak i pleva.

Ljudi ne mogu da jedu plevu kao svoju hranu. Pored toga, pleva ne može da bude sakupljena zajedno sa žitom zato što će pleva pokvariti žito. Zbog toga seljak sakuplja plevu i ili je spaljuje ili je koristi kao đubrivo.

To je isto sa Božjom kultivacijom ljudi na zemlji. Bog traži istinsku decu koja takođe imaju svetu i savršenu sliku Boga. Ipak, ima ljudi koji ne otklanjaju u potpunosti svoje grehove ili drugi koji su u potpunosti izjedeni svojim zlom i izgubili svoje čovečje dužnosti. Bog želi svetu i istinsku decu ali takođe On na Nebo skuplja i one koji su čak umrli pre nego što su se potpuno otarasili svojih grehova ako su oni pokušali da žive u veri.

Sa jedne strane, Bog ne šalje ljude u užasni Pakao ako su imali veru mere semena gorčice da bi zavisili od krvi Isusa Hrista bez obzira na Njegovu prvenstvenu nameru da kultiviše i sakupi samo istinsku decu. Sa druge strane, oni koji ne veruju u Isusa Hrista i bore se protiv Boga sve do kraja nemaju drugu mogućnost nego da odu u Pakao zato što su izabrali put uništenja zlom u njima samima.

Onda, kao će nespašene duše biti odvedene u Niži Grob i kako će tamo biti kažnjene? Objasniću do detalja Niži Grob koji pripada Paklu i identitet glasnika Pakla.

Glasnici Pakla vode ljude u Niži Grob

Sa jedne strane, kada spašena osoba sa verom umre, dva anđela dolaze da ga odvedu u Viši Grob koji pripada Nebu. U Jevanđelju po Luki 24:4, nailazimo na dva anđela koja čekaju Isusa posle Njegove sahrane i vaskrsenja. Sa druge strane, kada nespašena duša umre, dva glasnika Pakla dolaze i vode ga u Niži Grob. Obično na njegovoj smrtnoj postelji je moguće znati da li je osoba spašena ili nije posmatrajući izraz lica te osobe.

Pre trenutka smrti

Ljudske duhovne oči otvorene su pre momenta smrti. Osoba umire mirno sa osmehom ako on ili ona vide anđele u svetlosti i mrtvo telo se ne ukrućuje odmah. Čak i posle dva ili tri dana, mrtvo telo ne truli ili odaje loš miris, i osoba se čini još živa.

Kako, međutim, se očajno i užasno nespašen čovek oseća kada vidi užasne glasnike Pakla? Oni umru užasnom smrću, bez mogućnosti da zatvore oči.

Ako spasenje pojedinaca nije određeno, anđeli i glasnici Pakla bore se jedni protiv drugih da odvedu tu dušu do svog određenog mesta. Zbog toga je osoba tako uznemirena sve do smrti. Koliko strašan i uznemiren će on biti kada vidi glasnike Pakla koji donose osude protiv njega, stalno ponavljajući: „On nema ni malo vere da bude spašen"?

Kada čovek slabe vere je na smrtnoj postelji, ljudi sa jakom verom treba da mu pomognu da ima više vere kroz bogosluženje i molitve. On onda može da dobije spasenje čak i na smrtnoj postelji imajući veru, čak iako je samo dobio sramno spasenje i završava u Raju.

Vi možete da vidite da njegova smrtna postelja postaje mirna zato što dobija veru da bude spašen dok ljudi bogosluže i mole se za njega. Kada je čovek sa jakom verom u smrtnoj postelji, vi ne treba da mu pomažete da raste ili ima veru. Bolje je da mu date nadu i radost.

Čekaonica za svet zlih duhova

Sa jedne strane, čak i osoba sa slabom verom može da bude spašena ako on ima veru kroz Bogosluženje i molitve u svojoj smrtnoj postelji. Sa druge strane, ako on nije spašen, glasnici Pakla vode njega do čekaonice koja pripada Nižem Grobu i gde će se prilagoditi za svet zlih duhova.

Baš kao što spašene duše imaju tri dana za vreme sprovođenja do Višeg Groba, nespašene duše takođe ostaju tri dana u čekaonici koja podseća na veliku rupu u Nižem Grobu.

Tri dana prilagođavanja u čekaonici

Čekaonica u Višem Grobu, gde ostaju spašene duše tri dana, je prepuna radovanjem, mirom, i nadom za veličanstven život koji predstoji. Čekaonica u Nižem Grobu, međutim, je sušta suprotnost.

Nespašene duše će živeti u nepodnošljivom bolu, primaće različite vrste kazni u skladu sa njihovim delima na ovoj zemlji.

Pre nego što padnu u Niži Grob, oni u čekaonici tri dana pripremaju sebe za život u svetu zlih duhova. Ovih tri dana u čekaonici nije mirno samo na početku njihovog beskrajnog bolnog života. Različite vrste ptica dugačkim i šiljatim kljunovima kljucaju ove duše. Ove ptice su veoma ružne i odvratne duhovne pojave za razliku od ptica na ovoj zemlji. Nespašene duše su već odvojene od svojih tela i prema tome, vi možete da pomislite da ne mogu da osete nikakvu vrstu bola. Ipak, ove ptice mogu da povrede njih zato što su ptice u čekaonici su takođe duhovna bića. Kada god ptica kljucne te duše, njihova tela se kidaju u krvi i takođe se koža odvaja. Duše pokušavaju da izbegnu kljucanje ptica ali ne uspevaju. One se samo batrgaju i savijaju se jecajući. Ponekad, ptice dolaze da iskopaju njihove oči.

U Nižem Grobu različite kazne za različite grehove

Posle tri dana ostajanja u čekaonici, nespašene duše su smeštene na različitim mestima za kažnjavanje u Nižem Grobu u skladu sa njihovim grehovima na ovoj zemlji. Nebo je veoma prostrano. Pakao je takođe toliko prostran jer ima nebrojeno mnogo odvojenih mesta za smeštaj nespašenih duša čak i u Nižem Grobu, koji je samo deo Pakla.

Različita mesta i kazne

Uopšte, Niži Grob je taman i vlažan, i duše mogu da osete tamo strujanje vreline. Nespašene duše će stalno biti mučene sa batinama, kljucanjem i kidanjem. Na ovom svetu, kada je vaša noga ili ruka odsečena, vi morate da živite bez vaše ruke ili noge. Jednom kada umrete, vaša agonija i nevolja će nestati sa vašom smrću. U Nižem Grobu, međutim, ako bi vam vrat bio otkinut, vaš vrat bi se sam regenerisao. Čak i kada bi vam deo tela bio otkinut, vaše telo bi se ponovo stvorilo. Baš kao što ne možete iseći vodu najoštijim mačem ili nožem, nijedno maltretiranje, kljucanje, ili odvajanje delova tela na komade ne može da okonča ovu agoniju.

Vaše oči će se povratiti odmah nakon što ih ptice iskljuju. Čak iako ste ranjeni ili su se vaši unutrašnji organi ispali, vi ćete uskoro biti oporavljeni. Vaša krv će liti bez kraja dok ste mučeni, ali vi ne možete da umrete tamo zato što će se krv uskoro ponovo napuniti. Ovaj užasan šablon mučenja će se ponavljati.

Zbog toga tamo postoji reka krvi koja nastaje od krvi duša u Nižem Grobu. Setite se da je duša besmrtna. Kada je konstantno mučena uvek i uvek, njena bol takođe traje zauvek. Duše mole za smrt ali ne mogu i nije im dozvoljeno da umru. Od neprekidnog mučenja, Niži Grob je pun ljudskog vrištanja, jecanja, i krvavog trulog mirisa.

Očajni plač u Nižem Grobu

Pretpostavljam da su neki od vas direktno iskusili rat. Ako ne, vi ste možda videli užasne prizore i bol u ratnim filmovima ili istorijskim dokumentarcima. Povređeni ljudi su na svim stranama. Neki od njih su izgubili svoje noge ili ruke. Njihove oči su smrskane i čak i sadržina njihovih mozgova se razletela. Niko ne zna kada će artiljerijska vatra obasuti njega ili nju. Ovo mesto je prepuno zagušljivog dima artiljerije, krvavog mirisa, jecaja i vriske. Ljudi mogu da nazovu takav prizor: „pakao na zemlji."

Međutim, ova nesrećna scena Nižeg Groba je daleko mnogo užasnija nego najgora scena na bilo kom bojnom polju na ovoj zemlji. Šta više, duše u Nižem Grobu pate ne samo od tog mučenja već takođe i od straha od mučenja koje tek dolazi.

Mučenje je previše za njih i oni uzaludno pokušavaju da pobegnu. Šta više, ono što ih čeka nije samo vatra i sumpor u dubini Pakla.

Koliko će se duše žaliti i kajati kada vide vreo sumpor Pakla, govoreći: „Trebao sam da verujem kada su propovedali jevanđelje... Nisam trebao da grešim...!" Međutim, nema druge šanse i nema puta spasenja za njih.

Lucifer upravlja Nižim Grobom

Osoba nikako ne može da zamisli vrstu i veličinu kazne u Nižem Grobu. Baš kao što metode mučenja variraju na ovom svetu, isto može biti rečeno i o mučenju u Nižem Grobu.

Neki možda pate zato što delovi njihovih tela trule. Drugima je možda telo pojedeno ili sažvakano i krv ispijena od raznih vrsta buba i insekata. Ipak drugi su pritiskani vrelim kamenjem ili ostaju da stoje na pesku sa temperaturom sedam puta većom od onog koji možemo naći na plažama ili pustinjama ove zemlje. U nekim slučajevima, lično glasnici pakla muče duše. Druge vrste mučenja uključuju vodu, vatru, i druge nezamislive metode i opremu.

Bog ljubavi ne vlada ovim mestom za nespašene duše. Bog je dao zlim dušama vlast da vladaju nad ovim mestom. Vođa svih zlih duša, Lucifer, vlada Nižim Grobom, gde nespašene duše iseckane kao pleva ostaju. Tamo nema milosti i sažaljenja, i Lucifer ima kontrolu u svakom pogledu u Nižem Grobu.

Identitet Lucifera, vođe svih zlih duhova

Ko je Lucifer? Lucifer je bio jedan od arhanđela, koga je Bog mnogo voleo i zvao ga je „sin zore" (Isaija 14:12). Bez obzira na to, on se pobunio protiv Boga i postao zapovednik zlih duhova.

Anđeli na Nebu nemaju ljudsku prirodu i slobodnu volju. Zato, oni ne mogu da biraju stvari po svojoj volji i oni samo slušaju komande kao roboti. Ipak, Bog je specijalno nekim anđelima davao ljudsku prirodu i delio sa njima svoju ljubav. Lucifer, koji je bio jedan od tih anđela, bio je zadužen za nebesku muziku. Lucifer je hvalio Boga sa svojim divnim glasom i muzičkim instrumentima i udovoljavao Bogu pevajući slavopojke o Njemu.

Međutim, on je vremenom postao gord zbog Božije posebne ljubavi prema njemu a njegova želja da postane višlji i moćniji od Boga navela ga je da se na kraju pobuni protiv Njega.

Lucifer je izazvao i pobunio se protiv Boga

Biblija nam govori da je ogromna armija anđela pratila Lucifera (2. Petrova Poslanica 2:4; Judina Poslanica 1:6). Na Nebu ima bezbroj anđela i otprilike jedna trećina je pošla za Luciferom. Možete da zamislite koliko se anđela pridružilo Luciferu. Lucifer se u svojoj gordosti pobunio protiv Boga.

Kako je moguće da toliko nebrojeno mnoga anđela prati Lucifera. Vi ovo možete lako da razumete ako razmislite o činjenici da anđeli samo mogu da se povinuju komandama kao što to rade mašine ili roboti.

Prvo, Lucifer je dobio podršku od nekih vodećih anđela, koji su bili pod njegovim uticajem, a onda je lako pridobio anđele koji su bili podređeni tim anđelima.

Pored anđela, zmajevi i deo heruvima među duhovnim bićima su takođe pratili Luciferovu pobunu. Lucifer koji je u pobuni izazvao Boga, posle svega, bio je pobeđen i sa svojim pratiocima proteran sa Neba, mesta odakle je on izvorno poticao. Onda su oni zatvoreni u Ambisu dok nije došlo vreme da se koriste za ljudsku kultivaciju.

Kako pade s neba, o zvezdo jutarnja, sine zore! Ti pade dole na zemlju, ti koji si gazio narode? Ali rekao si u srcu svom: „Izaći ću na nebo, više zvezda Božjih podignuću presto svoj, i sešću na gori zbornoj na strani severnoj. Izaći ću u visine nad oblake, izjednačiću se s Višnjim." A ti se u pakao svrže u Šeol, u dubinu grobnu (Isaija 14:12-15).

Niži Grob i identiteti glasnika Pakla

Lucifer je bio neopisivo lep dok je uz obilnu Božju ljubav bio na Nebu. Međutim, posle njegove pobune on je postao ružan i jeziv.

Ljudi koji su ga videli svojim duhovnim očima kažu da je Lucifer toliko ružan da će vam se činiti odvratnim samo kad bi ga videli. On izgleda turobno sa svojom raščupanom kosom ofarbanom u različite boje kao što je crvena, bela i žuta, uzvinutom visoko ka nebu.

Danas, Lucifer navodi ljude da ga imitiraju u oblačenju i po frizuri. Kada ljudi igraju, oni su veoma divlji, nemirni, i ružni, i upiru prstima.

Ovo su trendovi našeg vremena koje je Lucifer stvorio, i šire se kroz masmedije i kulturu. Ovi trendovi mogu da štete ljudskim osećanjima i dovedu ih do haosa. Šta više, ovi trendovi zavode ljude da sebe udalje od Boga čak i da se odriču Njega.

Deca Božja bi trebala da budu drugačija i da ne padnu u svetske trendove. Ako vi upadnete u svetske trendove, vi ćete svakako ljubav Boga držati podalje od vas zato što svetski trendovi uzimaju vaše srce i misli (1. Jovanova Poslanica 2:15).

Zli duhovi čine Niži Grog strašnim mestom

Sa jedne strane, Bog ljubavi je sama dobrota. On priprema sve ove stvari za nas u Svojoj mudrosti i dobroj misli i suda. On želi da mi živimo zauvek u najvećoj sreći u lepoti Neba. Sa druge strane, Lucifer je zlo lično. Zli duhovi kao sledbenici Lucifera uvek smišljaju način da muče ljude što bolnije. U njihovoj zloj mudrosti, oni stvaraju Niži Grob mnogo strašnijim mestom tako što smišljaju svakojake vrste mučilaških metoda.

Čak i na ovom svetu, kroz istoriju ljudi izmišljaju različite surove metode mučenja. Kada je Koreja bila pod vladavinom Japana, Japanci su mučili korejanske vođe nacionalnih nezavisnih pokreta tako što su iglom bambusa probijali ispod njihovih nokata ili odkidali njihove nokte na rukama ili nogama jedan po jedan. Oni su takođe sipali mešavinu crvene paprike i vode u oči i nozdrve vođa pokreta dok su visili naopačke. Ogavan miris izgorelog mesa preplavio je sobe za mučenje zato što su besni japanski dželati besomučno goreli razne delove njihovih tela vrelim parčićima metala. Njihovi unutrašnji organi su ispadali iz njihovih stomaka zato što su bili surovo prebijani.

Kako su ljudi mučili kriminalce kroz korejansku istoriju? Oni bi uvrtali kriminalčeve noge kao formu mučenja. Kriminalac je bio vezan od članka do kolena i dva štapa bi bila stavljena između njegova dva lista. Kosti u nogama kriminalca su bile polomljene na delove kako bi mučitelj pomerao dva štapa. Možete li da zamislite koliko bolno je to moglo da bude?

Torture koje su izvodili ljudi su onoliko užasne koliko može da nas odvede naša mašta. Onda, koliko mnogo užasnije i zastrašujuće bi to bilo kada bi zli duhovi sa mnogo većom mudrošću i sposobnošću mučili nespašene duše? To je njihovo zadovoljstvo da razvijaju različite vrste mučenja i tim metoda podvrgnu nespašene duše.

Zbog toga vi morate da znate svet zlih duša. Onda vi možete da vladate, imate kontrolu, i prevaziđete ih. Vi lako možete njih da pobedite kada čuvate sebe svetim bez da budete u saglasnosti sa šablonima ovog sveta.

Identiteti glasnika Pakla

Ko su glasnici pakla koji muče nespašene duše u Nižem Grobu? Oni su posrnuli podređeni anđeli koji su pratili Lucifera u pobuni pre nego što je nastao svet.

I anđele koji ne držaše svoje starešinstvo nego ostaviše svoj stan čuva u večnim okovima pod mrakom za sud velikog dana (Judina Poslanica 1:6).

Pali anđeli ne mogu da izađu slobodno u svet zato što ih je Bog odbacio u tamu sve do Suda Velikog belog prestola. Neki ljudi tvrde da su demoni pali anđeli ali to nije istina. Demoni su nespašene duše koje su puštene iz Nižeg Groba da bi obavili svoj zadatak pod specijalnim okolnostima. Ja ću o ovome detaljnije raspravljati u poglavlju 8.

Anđeli koji su pali sa Luciferom

Bog je odbacio pale anđele u tamu – Pakao – do Suda. Ipak, pali anđeli ne mogu da izađu na ovaj svet osim samo u specijalnim prilikama.

Oni su bili veoma lepi sve dok se nisu pobunili protiv Boga. Međutim, glasnici Pakla nisu niti lepi niti veličanstveni od kako su pali i bili prokleti.

Oni izgledaju tako turobno da će se vama gaditi od njih. Njihov izgled je ili sličan licima ljudskog bića, ili oni izgledaju kao različite odvratne životinje.

Njihova spoljašnost je slična onim odvratnim životinjama kao što su svinje opisane u Bibliji (Levitski Zakonik11). Ali oni imaju proklete, ružne likove. Oni su takođe ukrasili svoja tela groteksnim bojama i šarama.

Oni nose gvozdeni oklop i vojne čizme. Oštre sprave za mučenje su učvršćene čvrsto na njihovim telima. Oni obično imaju nož, koplje ili bič u svojim rukama.

Oni zauzimaju dominirajući stav i vi možete da osetite njihovu jaku moć dok se pomeraju zato što su oni uvežbavali svoju moć i vlast u potpunoj tami. Ljudi se veoma plaše demona. Ali, glasnici pakla su mnogo strašniji nego demoni.

Glasnici pakla muče duše

Šta je zaista uloga glasnika pakla? Prvenstveno da muče nespašene duše jer su oni zaduženi za Pakao.

Mnogo oštrije torture koje izvode glasnici pakla su rezervisane za one sa težom kaznom u Nižem Grobu. Na primer, ružan glasnik pakla u svinjskom obliku reže tela duša ili ih naduvava kao balon i puca ih ili ih bičuje.

Pored toga, oni muče ljude raznim metodama. Čak i deca ne mogu biti izostavljena od mučenja. Ono što čini naš duh slomljenim je činjenica da glasnici pakla probadaju ili tuku decu iz zabave. Međutim, vi treba da date sve od sebe kako bi sprečili makar i jednu dušu da ne padne u Pakao koji je okrutno, užasno i strašno mesto ispunjeno sa beskrajnim bolom i patnjom.

Ja sam bio na pragu smrti zbog preteranog stresa i prekomernog rada u 1992., god. U tom momentu, Bog mi je pokazao mnogo članova moje crkve kako prate šablone ovog sveta. Ja sam bio nestrpljiv u nadi da budem sa Gospodom sve dok nisam video ovaj prizor. Ali više nisam želeo da budem sa Gospodom zato što sam znao da će mnogo mojih ovaca pasti u Pakao.

Tako, promenio sam svoje mišljenje i pitao Boga da me oživi. Bog mi je dao snagu u momentu i na moje veliko čuđenje, ja sam mogao da ustanem iz svoje smrtne postelje i postanem potpuno zdrav. Moć Boga me je oživela. Zato što sam znao veoma dobro i toliko mnogo o Paklu, ja sam revnosno propovedao tajne Pakla koje mi je Bog pokazao u nadi za spasenjem čak još jedne duše više.

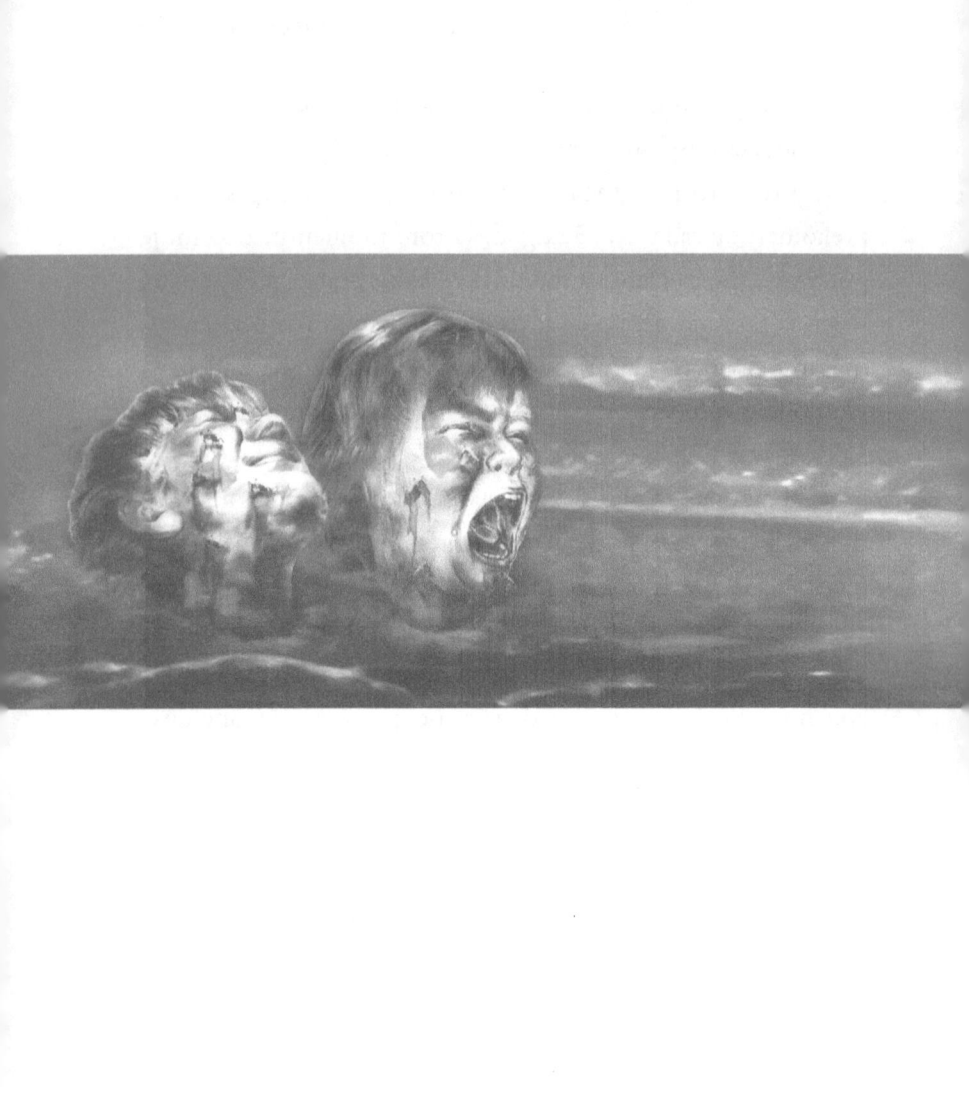

Poglavlje 4

Kazna za nespašenu decu u Nižem Grobu

Fetusi i odojčad

Deca od 1-3 godine

Deca dovoljno velika da hodaju i pričaju

Deca od u dobi od šest do dvanaest godina

Mladi koji su se podrugivali proroku Jeliseju

„Neka ih ugrabi smrt, neka živi siđu u pakao,
jer je zločinstvo u stanu njihovom i u njima."
- Psalmi 55:15 -

„Potom otide odande u Vetilj; i kad iđaše putem,
izidoše mala deca iz grada i rugahu mu se govoreći mu:
„Hodi, ćelo! Hodi, ćelo!" A Jelisije obazre se i videvši ih prokle
ih u ime GOSPODA. Tada izadoše dve medvedice iz šume,
i rastrgoše četrdeset i dvoje dece."
- 2. Kraljevima 2:23-24 -

U predhodnom poglavlju, opisao sam kako posrnuli arhanđel Lucifer vlada nad Paklom i druge posrnule anđele kako vladaju pod Luciferovim vođstvom. Glasnici pakla muče nespašene duše u skladu sa njihovim grehovima. Generalno, kazne u Nižem Grobu su podeljene na četiri nivoa. Najlakša kazna je zadata onim ljudima koji su pali u Pakao kao ishod suda savesti. Najteža kazna je zadata onim ljudima čija savest je žigosana vrelom iglom i koji su se suprotstavili Bogu na način na koji je Juda Iskariotski učinio prodavši Isusa za vlastitu dobit.

U narednim poglavljima, ja ću objasniti do detalja sve vrste kazni zadate nespašenim dušama u Nižem Grobu koji pripada Paklu. Pre samog udubljivanja u kazne koje su zadate odraslim, ja ću razmotriti sve vrste kazni nanošene nespašenoj deci različitih starosnih uzrasta.

Fetusi i odojčad

Čak i dete glupo može da ode u Niži Grob ako nije prošlo sud savesti zbog grešne prirode u njemu samom koja je prenesena od njegovih roditelja nevernika. Dete će dobiti relativno laku kaznu zato što je njegov greh lak kada se poredi sa onim od odraslog ali ono i dalje pati od gladi i nepodnošljivog bola.

Odojčad plaču i trpe gladna

Odojčad koja još ne mogu da hodaju ili govore su posebno svrstana i zadržana u širokom prostoru. Oni ne mogu da razmišljaju, ili hodaju sami zato što su nespašene bebe zadržale iste osobine i savest koju su imali u momentu njihove smrti.

Šta više, oni ne znaju zašto su u Paklu zato što oni nemaju nikakvo znanje registrovano u njihovim mozgovima. Oni samo plaču prirodno zbog gladi bez da znaju svoje majke i očeve. Glasnik pakla će probiti dečiji stomak, ruku, nogu, oko, nokat na ruci ili nozi oštrim predmetom koji liči na burgiju. Beba onda ispušta pištav plač i glasnik pakla se samo smeje bebi iz zadovoljstva. Čak iako oni neprestano plaču, niko ne mari za ove bebe. Njihov plač se nastavlja zbog iscrpljenosti i velikog bola. Šta više, glasnici pakla se ponekad okupe, podignu jednu bebu, i naduvaju je vazduhom kao balon. Oni onda bacaju, šutiraju, ili se igraju igre hvatanja sa bebom radi zabave. Koliko svirepo je i užasno ovo?

Odbačeni fetusi su lišeni topline i ugodnosti

Koja je sudbina fetusa koji su umrli pre nego što su se rodili? Kao što sam već objasnio, većina njih je spašena ali ima nekih izuzetaka. Neki fetusi ne mogu biti spašeni zato što su začeti najgorim prirodnim nasleđem od svojih roditelja koji su se ozbiljno okrenuli protiv Boga i učinili ekstremno loša dela. Duše nespašenih fetusa su takođe zadržane na jednom mestu sličnom kao onom gde se nalaze odojčad.

Oni nisu toliko mučeni kao duše starijih ljudi zato što oni nisu imali nimalo savesti i nisu počinili nikakav greh sve do trenutka smrti. Njihova kazna i prokletstvo je to što su oni ostavljeni i odbačeni bez da su osetili toplinu i ugodnost koju su osećali u majčinoj utrobi.

Građe tela u Nižem Grobu

U kom obliku su nespašene duše u Nižem Grobu? Sa jedne strane, ako odojče umre, ono je tamo u obliku odojčeta. Ako fetus umre u utrobi svoje majke, ono je zadržano u Nižem Grobu i u obliku fetusa. Sa druge strane, spašene duše na Nebu će staviti na sebe novo vaskrsnuto telo po Drugom dolasku Isusa Hrista iako oni imaju isti oblik kao na ovom svetu. Tada, svako će biti transformisan u prelepu 33., godišnju osobu kao što je Gospod Isus i dobiće duhovno telo. Osoba nižeg rasta imaće najoptimalniju visinu a osoba kojoj nedostaje noga ili ruka imaće obnovljene njegove ili njene delove tela.

Međutim, nespašene duše u Paklu ne mogu da dobiju novo, vaskrsnuto telo čak i nakon Drugog Gospodovog dolaska. Oni ne mogu da vaskrsnu zato što nemaju život sačinjen od Isusa Hrista i tako, oni su u istom obliku koji su imali u vreme njihove smrti. Njihova lica su bleda i tamno plava – kao leševi – i njihova kosa je raščupana zbog užasa u Paklu. Neki nose prnje, drugi samo nekoliko parčeta odeće, i ipak drugi nemaju ništa da pokriju svoje telo.

Na Nebu, spašene duše nose prelepu odeću sa belim haljinama i blistavim krunama. Uz to, blistavost odeće i ukrasi se razlikuju u skladu sa slavom i nagradama svakoga pojedinca. Suprotno tome, u Paklu, izgledi nespašenih duša se razlikuju od veličine i vrste njihovih grehova.

Deca od 1-3 godine

Novorođene bebe rastu i uče da ustanu, puze i izgovore nekoliko reči. Kada ova deca od 1-3 (todleri) godine umru, koja vrsta kazne će biti njima dodeljena? Todleri su takođe grupisani na jednom mestu. Oni pate instinktivno zato što nisu u mogućnosti da razmišljaju logično ili sude stvarima po osećaju u vreme njihove smrti.

Todleri plaču za svojim roditeljima u neverovatnom užasu

Todleri su samo dve tri godine stari. Tako, oni ne prepoznaju čak ni svoju smrt i ne znaju zašto su u Paklu, ali ipak se i dalje sećaju svojih majki i očeva. Zbog toga oni učestalo plaču: „Gde si, majko? Oče? Ja želim da idem kući! Zbog čega sam ovde?"

Dok su oni živeli na ovom svetu, njihove majke su brzo dolazile i grlile ih tako jako u svom zagrljaju kada bi, na primer, oni pali i ogrebali svoja kolena. Međutim, njihove majke ne dolaze da im udovolje čak iako oni viču i plaču kada su njihova tela ukvašena krvlju. Zar ne vrišti dete u suzama sa strahom kada izgubi svoju majku u super marketu ili u robnoj kući?

Oni ne mogu da nađu svoje roditelje koji će da ih zaštite od ovog užasnog Pakla. Ova sama činjenica je dovoljno zastrašujuća da ih dovede do nepodnošljivog užasa. Šta više, preteći glasovi i neobičan smeh glasnika pakla primorava bebe da vrište u suzama čak i glasnije ali sve je to beskorisno.

Da bi protraćili vreme, glasnici pakla ih udaraju po leđima, gaze ih ili ih šibaju. Onda todleri u šoku i bolu, pokušavaju da se savijaju ili čak i pobegnu od njih. Međutim, na tako okrutnom mestu, todleri ne mogu da pobegnu i u tom haosu od suza i cmizdrenja, oni su zakačeni jedan za drugoga, zgnječeni, u modricama i prolivaju krv na sve strane. Pod ovakvim užasnim okolnostima, deca učestalo plaču u suzama zato što traže svoje majke, gladna su i uplašena. Ovakvi uslovi su sami „pakao" za ove bebe.

Jedva da je moguće za decu od dve i tri godine starosti da počine ozbiljan greh ili zločin. Uprkos ovoj činjenici, oni su užasno kažnjeni na ovaj način kroz njihov prvorodni greh i samo- počinjene grehove. Onda koliko više užasnije će biti za starije, koji su počinili mnogo ozbiljnije grehove nego deca, i koji će biti kažnjeni u Paklu?

Ipak, svako može da bude oslobođen od kazne Pakla ako prihvati Isusa Hrista koji je umro na krstu i iskupio nas, i živi u svetlosti. On može biti odveden na Nebo pošto su mu je oprošteno od grehova u prošlosti, sadašnjosti, i u budućnosti.

Deca dovoljno velika da hodaju i pričaju

Todleri, koji su počeli da hodaju i izgovaraju jednu ili dve reči, trče i govore dobro kada dostignu treću godinu. Koju vrstu kazne će ovi todleri, od tri do pet godina, dobiti u Nižem Grobu?

Glasnici pakla ih jure sa kopljima

Deca od treće do pete godine su odvojena na tamnim

prostranim mestima i ostavljena da budu tamo kažnjena. Oni trče svuda okolo kako bi izbegli glasnike pakla koji ih jure sa trozubcima u svojim rukama.

Trozubac je koplje čiji vrh je podeljen na tri dela. Glasnici pakla jure duše ove dece, probadaju ih kopljima na način na koji lovac juri za svojim plenom. Na kraju, ova deca stižu do litice, i dole duboko u litici, oni vide vodu koja ključa kao lava u aktivnom vulkanu. Najpre, ova deca odbijaju da skoče dole niz liticu ali su primorana da skoče u ključali vodu da bi izbegli glasnike pakla koji ih jure. Oni nemaju drugog izbora.

Borba da bi izašli iz ključale vode

Deca mogu da izbegnu probadanje kopljima koja su u rukama glasnika, ali sada su u ključaloj vodi. Možete li da zamislite koliko je to bolno? Deca se bore da bi bar mogla da izbave svoja lica iz ključale vode, pošto ona ulazi u njihove nozdrve i usta. Kada glasnici vide ovo, oni zadirkuju decu, govoreći: „Zar nije zabavno?" ili „O, ovo je tako zabavno!" Onda glasnici viču: „Ko je dozvolio ovoj deci da padnu u Pakao? Hajde da povedemo njihove roditelje na put smrti, dovedite njih ovde kada umru, i neka ih da gledaju svoju decu kako pate i kako su mučena!"

Samo onda, deca se bore da pobegnu od ključale vode i uhvaćeni su u mreži kao što je riba uhvaćena u mrežu i bačeni su na početno mesto odakle su oni počeli da beže. Od ovog vremena pa nadalje, bolan proces detetovog bežanja od glasnika pakla koji ih jure sa kopljima i njihovog padanja niz liticu u ključali vodu se ponavlja opet i opet bez kraja.

Ova deca su od tri do pet godina stara; ona ne mogu veoma dobro da beže. Ipak, oni pokušavaju da trče što brže mogu da bi izbegli glasnike pakla koji ih probadaju kopljima i stižu do litice. Oni skaču u ključali vodu i ponovo se bore da izađu iz nje. Onda su oni uhvaćeni u veliku mrežu i bačeni nazad na prvobitno mesto. Ova rutina se beskonačno ponavlja. Koliko užasno i tragično je ovo!

Da li ste nekada izgoreli vaš prst od vrele pegle ili vrele šerpe? Onda možda znate koliko vrelo i bolno je to bilo. Sada, zamislite da je vaše celo telo potopljeno ključalom vodom, ili da ste zaronili u ključalu vodu u velikoj šerpi. To je bolno i užasno pri samoj pomisli na to.

Ako ste ikada imali opekotinu trećeg stepena, vi možda možete da se i setite dobro koliko je to bilo bolno. Vi se možda takođe sećate crvenila na izgorelom telu, miris mesa koje gori, i užasan i ogavan miris truljenja mrtvih ćelija u tom izgorelom telu.

Čak iako je izgoreni deo tela izlečen, ružni ožiljci obično ostaju. Mnogi ljudi obično imaju poteškoće da se druže sa ljudima sa takvim ožiljcima. Ponekad, čak i žrtvina porodica nalazi sebe da ne može da obeduje sa njim. Tokom vremena lečenja, pacijent ne može da izdrži skidanje izgorelog mesa, i u najgorim slučajevima, takav pacijent razvija mentalni poremećaj ili čini samoubistvo zbog zagušljivog osećaja i agonije koja je uključena u lečenju. Ako dete pati od opekotina, njegovi roditelji takođe osećaju bol.

Ipak, najgora opekotina na ovoj zemlji nije uporediva sa kažnjavanjem duša nespašenih todlera koje će dobiti u paklu konstantno bez kraja. Veličina bola i svireposti ovih napada kazni nad ovom decom u paklu je jednostavno van naših zamisli.

Nigde da se pobegne ili sakrije od ovih beskonačnih kazni

Deca beže i beže da izbegnu glasnike pakla koji ih jure sa trozubcem u svojim rukama, i oni padaju u ključalu vodu sa kraja smrtne litice. Oni su potpuno potopljeni u ključaloj vodi. Ključala voda se prijanja uz telo kao gusta lava i ogavno miriše. Šta više, uzburkana i lepljiva ključala voda ulazi u njihove nozdrve i usta dok se oni bore da izađu iz bazena sa ključalom vodom. Kako ovo može biti uporedivo sa bilo kojom vrstom opekotine na ovoj zemlji, bez obzira koliko ozbiljna ona bila?

Ova deca ne mogu da izgube osećaj čak iako su konstantno mučena bez prestajanja. Oni ne mogu da se naljute, nesvesno zaborave ili postanu nesvesni bola čak i na kratko, ili počine samoubistvo da bi izbegli bol u paklu. Koliko je ovo užasno!

Ovako deca koja su tri, četiri, ili pet godina stara pate od tako užasnog neverovatnog bola u Nižem Grobu kao kazna za njihove grehove. Da li onda, vi možete da zamislite vrstu i veličinu kazni koja čeka starije ljude u drugim delovima pakla?

Deca od u dobi od šest do dvanaest godina

Koja vrsti kazne će biti zadata nespašenoj deci od šeste do dvanaeste godine u Nižem Grobu?

Zakopani u reci krvi

Još od postanka sveta, ne brojane nespašene duše prolivale su svoju krv dok su bile užasno mučene u Nižem Grobu. Koliko mnogo krvi su oni prolivali naročito od kako su njihove ruke obnovljene od momenta kada su im bile isečene? Količina njihove krvi je dovoljna da se napravi reka zato što je njihova kazna ponavljana bez kraja bez obzira na količinu krvi koja je već prolivena. Čak i na ovom svetu, posle velikog rata ili masakra, ljudska krv formira mali bazen ili mali potok. U ovakvom slučaju, vazduh je ispunjen ogavnim mirisom koji dolazi iz krvi koja truli. U vrelim letnjim danima, miris je gori, i sve vrste opasnih insekata gomilaju se i šire bolesti koje postaju epidemija.

U Nižem Grobu pakla, ovo nije mali bazen ili mali potok već široka i duboka reka krvi. Deca od šeste do dvanaeste godine se kažnjavaju na obali reke i tamo su zakopana. Što su ozbiljniji greh počinili, bliže reci i dublje su zakopani.

Kopati zemlju

Deca koja su daleko od reke krvi nisu zakopana u zemlju. Ipak, ona su toliko gladna da nastavljaju da kopaju tvrdu zemlju svojim sopstvenim rukama u potrazi za nečim za jelo. Oni kopaju u očajanju i uzaludno sve dok ne izgube svoje nokte i njihovi prsti postaju puni žuljeva. Njihovi prsti su pohabani napola od svoje prirodne veličine i prekriveni su krvlju. Čak se vide i kosti na njihovim prstima Na kraju, njihovi dlanovi kao i njihovi prsti postaju pohabani. Ipak uprkos ovom bolu, ova deca su primorana da kopaju u uzaludnoj nadi da će pronaći hranu.

Kako više prilazite reci, vi lako možete da zateknete da su deca još zlobnija. Što su deca zlobnija, ona su smeštena bliže reci. Oni se čak i bore jedni protiv drugih ili otkidaju jedni drugima kožu u užasnoj gladi dok su do struka zakopani u zemlju.

Najzlobnija deca su kažnjena odmah na obali reke i ona su zakopana sve do njihovih vratova u zemlji. Ljudi na ovoj zemlji mogu obično da umru ako su zakopani do svojih vratova u zemlji, zato što krv ne može da cirkuliše kroz njihovo telo. Činjenica da tamo nema smrti samo znači beskonačnu agoniju za nespašene duše kažnjene u paklu.

Oni mirišu ogavni miris reke. Sve vrste opasnih insekata kao komarci ili muve iz reke ujedaju dečija lica ali oni ne mogu da zgnječe insekte zato što su zakopani u zemlji. Konačno, njihova lica postaju naduvena do tačke da ne mogu više biti prepoznatljiva.

Tužna deca: igračke glasnika pakla

Ovo nije ni u kom slučaju kraj dečije patnje. Njihove bubne opne mogu biti probušene od glasnog smeha glasnika pakla dok se odmaraju na obali, smejući se i pričajući jedni sa drugima. Glasnici pakla, kada se odmaraju, takođe muče ili sede na glavama ove dece zakopane u zemlji. Odeća i obuća glasnika pakla opremljena je oštrim predmetima. Ipak, dečije glave su zgnječene, njihova lica su isečena, ili njihova kosa opada u pramenovima kada glasnici pakla sednu na ovu decu. Šta više, glasnici pakla šamaraju dečija lica ili gaze glave pod svojim nogama. Koliko okrutna je ova kazna?

Vi se možda pitate: „Da li je moguće da dete maturant može da počini tako veliki greh da dobije tako okrutnu kaznu?" Bez obzira koliko mlada ova deca mogu da budu, oni imaju prvorodni greh i grehove koje su namerno učinili. Duhovni zakon, koji zahteva da: „plata za greh je smrt," je opšte primenjiv za svaku osobu u skladu sa njegovim ili njenim godištem.

Mladi koji su se podrugivali proroku Jeliseju

2. Kraljevima 2:23-24 opisuje scenu u kojoj prorok Jelisej iz Jerihona odlazi u Vetilj. Kako je prorok hodao pored puta, neki mladići su došli iz grada i podrugivali se njemu, govoreći: „Idi gore, ti ćelo!" Kada više nije mogao da izdrži, Jelisej je na kraju bacio kletvu na mladiće. Dve medvedice su izašle iz šume, i rastrgle četrdeset i dvoje ove dece. Šta mislite da će se dogoditi sa četrdeset i dvoje dece u Nižem Grobu?

Zakopani do vrata

Dve medvedice rastrgle su četrdeset dvoje dece. Onda da li

možete da zamislite koliko mnogo dece je pratio i podrugivalo se proroku. Jelisej je bio prorok koji je izvodio mnoga moćna dela Boga. Drugim rečima, Jelisej ne bi mogao da ih proklinje da su se samo podsmevali njemu sa nekoliko reči.

Oni su nastavili da ga prate i da mu se podruguju, govoreći: „Idi gore, ti ćelo!" Pored toga, oni su bacali kamenje i probadali ga sa štapom. Prorok Jelisej ih je verovatno na početku najiskrenije savetovao i grdio, ali morao je da ih proklinje samo zato što su oni bili mnogo zlobni da bi im se oprostilo.

Ovaj događaj se dogodio mnogo hiljada godina ranije kada su ljudi imali mnogo bolju savest i zlo nije toliko nadvladavalo kao što je to sada u našim vremenima. Ova deca mora da su su bila toliko zlobna da su vređala i podsmevala se starom proroku poput Jeliseja, koji je izvodio moćna dela Boga.

U Nižem Grobu, ova deca su kažnjena odmah pored reke krvi dok su zakopana do svojih vratova. Oni se dave u ogavnom mirisu od reke, i takođe su ujedani od svakojakih opasnih insekta. Šta više, oni su užasno mučeni od glasnika pakla.

Roditelji moraju da usmeravaju svoju decu

Kako se deca u našim vremenima ponašaju? Neki od njih ostavljaju svoje prijatelje napolje na hladnom, uzimaju njihov džeparac ili novac za užinu, tuku ih, ili ih čak gore pikavcima- sve zbog toga što nisu poput njih. Neka deca čak su počinila samoubistvo zato što ne mogu dalje da trpe takvo učestalo i okrutno maltretiranje. Druga deca formiraju organizovane bande još u osnovnoj školi, čak i ubijaju ljude, imitirajući okorele kriminalce.

Zato, roditelji treba da podižu svoju decu na način da ih odvrate od šablona ovog sveta i umesto toga ih povedu da razviju i žive veran život, plašeći se Boga. Koliko užasno žalosni ćete vi biti ako uđete na Nebo i vidite da su vaša deca mučena u Paklu? To je tako grozno čak i kada pomislite na to.

Ipak, vi bi trebali da podižete vašu dragocenu decu da žive u veri u skladu sa istinom. Na primer, vi treba da učite vašu decu ne da trče ili da jure tokom službi bogosluženja, već da se mole i slave svim svojim srcem, mislima i dušom. Čak i odojčad koja ne mogu da razumeju šta njihova majka govori, spavaju mirno bez plača dok traje služba bogosluženja dok se njihove majke mole za njih i podižu ih u veri. Ove bebe, takođe, imaće na Nebu nagradu zbog svog ponašanja.

Deca od tri ili četiri godine mogu da služe Bogu i mole se kada ih roditelji nauče da im to postane pravilo. U zavisnosti od godina, dubina molitve može da se razlikuje. Roditelji mogu da nauče svoju decu da povećavaju malo po malo vreme za molitvu, npr. od pet minuta do deset minuta, do trideset minuta, do sata, i tako dalje.

Ma koliko mlada ova deca bila, kada ih roditelji uče o reči u skladu sa njihovim godinama i nivoom shvatanja, i objasne im da žive po tome, deca će često pokušati snažnije da održavaju reč Božju i žive na način da Njemu udovolje. Oni će se takođe pokajati i priznati njihove grehove u suzama kada sa njima radi Sveti Duh. Ja vas podstičem da ih naučite ispravno ko je Isus Hrist i vodite ih da rastu u veri.

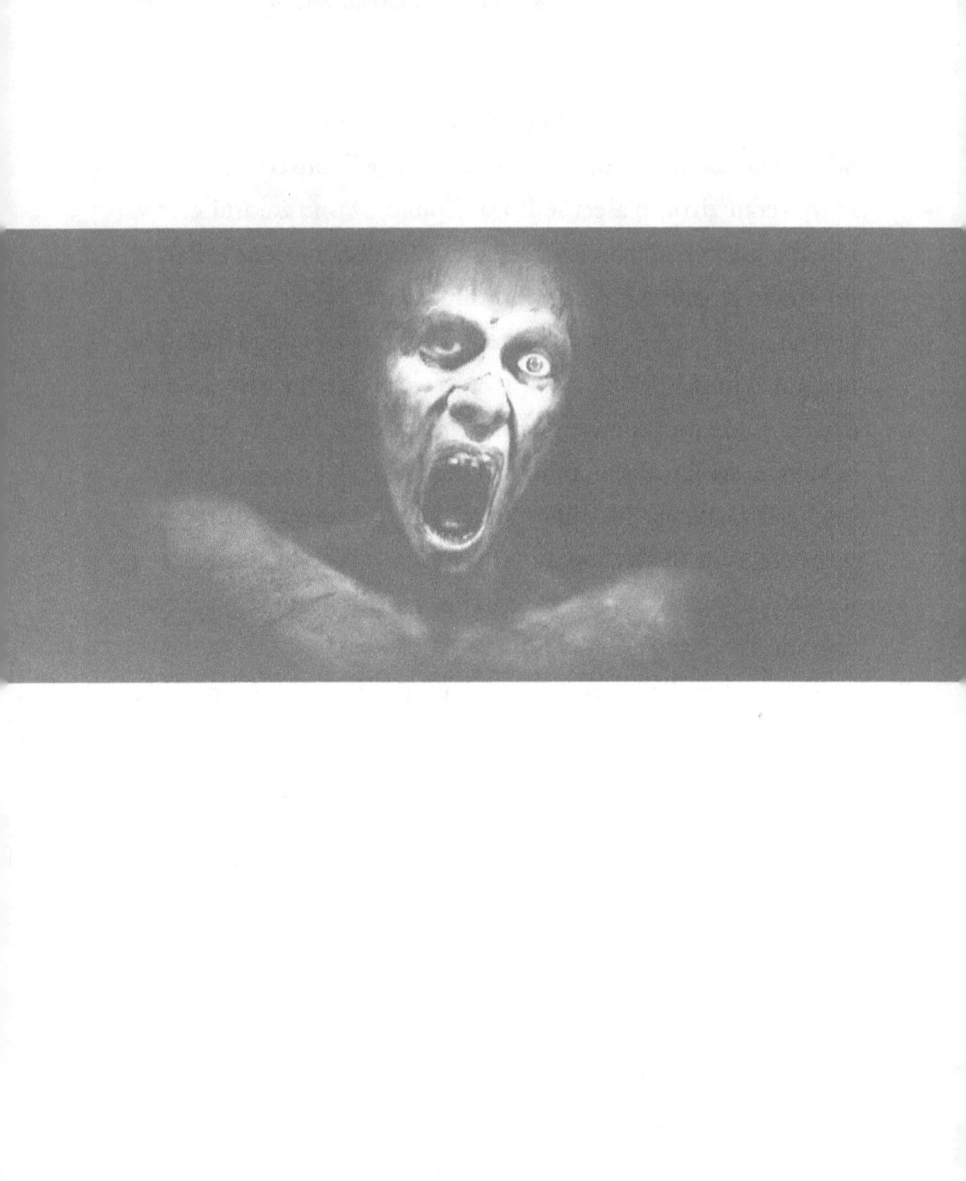

Poglavlje 5

Kazne za ljude koji su umrli posle pubertetskih godina

Prvi nivo kazne

Drugi nivo kazne

Kazna nad faraonom

Treći nivo kazne

Kazna nad Pontijem Pilatom

Kazna nad Saulom prvim kraljem Izraela

Četvrti nivo kazne nad Judom Iskariotskim

„Tvoja raskoš i muzika tvojih harfi
se spusti dole u Šeol; kao tvoj krevet prostrti
su poda te moljci, a crvi su ti pokrivač."
- Isaija 14:11 -

„Kao što se oblak razilazi i nestaje ga,
tako ko siđe u grob, neće izaći."
- Jov 7:9 -

Kazne za ljude koji su umrli posle pubertetskih godina

Svako ko ulazi na Nebo će dobiti različite nagrade i slavu u skladu sa njegovim delima u ovom životu. Suprotno tome, različite kazne u Nižem Grobu su zadate nad svakim pojedincem u skladu sa njegovim zlim delima u ovom životu. Ljudi u Paklu pate od neverovatno ogromnog beskonačnog bola, i težina bola i agonije se razlikuje od jednog do drugog u zavisnosti od njihovih dela u ovom životu. Čovek, bilo da on završi na Nebu ili Paklu, požnjeće ono što je zasjao.

Što ste više grehova počinili, u dublji deo Pakla ćete ući, i što je teži vaš greh, mučniji će biti vaš bol u Paklu. U zavisnosti koliko je jedan bio suprotan srcu Boga – drugim rečima, koliko je jedan ličio grešnoj prirodi Luciferu – mučnina kazni će biti primereno određena.

Poslanica Galaćanima 6:7-8, nam govori: *„Ne varajte se: Bog se ne da ružiti; jer šta čovek poseje ono će i požnjeti. Jer koji seje u telo svoje, od tela će požnjeti pogibao; a koji seje u duh, od duha će požnjeti život večni."* Nsa ovaj način, vi ćete zasigurno požnjeti ono što ste posejali.

Koje vrste kazni će ljudi koji su umrli posle pubertetskih godina dobiti u Nižem Grobu? U ovom poglavlju, ja ću razmatrati četiri nivoa kazni u Nižem Grobu zadate dušama u skladu sa njihovim delima u ovom životu. Uzgred rečeno, molim vas da razumete da ja ne mogu da iznesem detaljan prikaz zbog posebne težine koja će biti pridodata veličini vašega straha.

Prvi nivo kazne

Neke duše su primorane da stoje na pesku koji je sedam puta vreliji od onog peska u pustinji ili na plažama na ovoj zemlji. Oni ne mogu da pobegnu od patnje zato što je to isto kao kada bi stajali u sredini velike pustinje.

Jeste li ikada hodali po vrelom pesku, bosih nogu, vrelog letnjeg dana? Vi ne možete čak ni podneti bol ako pokušate da hodate po pesku sa plaže bosih nogu po vrelom, sunčanom, letnjem danu ni deset ili petnaest minuta. Pesak u tropskim krajevima ove zemlje je čak i vreliji. Imajte u mislima da je pesak u Nižem Grobu je sedam puta vreliji od najvrelijeg peska na ovoj zemlji.

Tokom mog hodočašća u Svetoj Zemlji, umesto da sam se ukrcao na trolejbus, ja sam pokušao da trčim po asfaltu na putu ka Mrtvom moru. Ja sam počeo da trčim brzo sa još dva hodočasnika koja su me pratila na putu. Najpre, nije bilo ni malo bola ali na oko pola puta mogao sam da osetim kao da gorim duž oba moja tabana. Iako smo želeli da pobegnemo od patnje, nije bilo mesta gde da odemo; sa obe strane puta bila su polja šljunka, koja su samo bila pretopla.

Na kraju smo morali da otrčimo do drugog kraja puta, gde smo mogli da umočimo i natopimo naša stopala u hladnu vodu bazena koji je bio u blizini. Srećom, niko od nas nije izgoreo. Ovo trčanje je trajalo oko desetak minuta, i bilo je dovoljno da donese nesnošljivu količinu bola. Zamislite, onda, da budete primorani da stojite večno na pesku koji je sedam puta vreliji od bilo kog peska na ovoj zemlji. Bez obzira koliko je nesnošljivo

Kazne za ljude koji su umrli posle pubertetskih godina

vreo pesak, nema zasigurno mogućnosti u umanjenju ili kraju kazne. Ipak, ovo je najlakša od svih kazni u Nižem Grobu. Tamo je jedna druga duša mučena na drugačiji način. On je primoran da leži na teškom kamenu, koji je bio zagrejan do crvenila, i dobija kaznu tako što se prži konstantno bez kraja. Prizor podseća na meso koje se kuva ili cvrči na grilu. Samo onda, drugi kamen koji je takođe bio usijan do crvenila je bačen na njegovo telo, lomeći sve unutra. Zamislite neku vrstu odeće koju peglate: daska za peglanje je kamen na kojoj odeća- osuđena duša-je položena, i pegla je drugi kamen koji pritiska odeću. Vrelina je jedan deo mučenja; drugo mučenje su polomljeni delovi tela. Udovi su smrskani u deliće od pritiska među kamenjem. Njegova težina je dovoljno velika da izdrobi njegova rebra i unutrašnje organe. Kada je njegova lobanja smrskana, očni kapci pucaju i sva tečnost iz lobanje izlazi napolje.

Kako njegova patnja može biti opisana? Iako je on duša bez fizičke forme, on i dalje može da oseti i pati od neverovatno velikog bola na način kao što je osećao ovde na zemlji. On je u beskonačnoj agoniji. Zajedno sa vriskom drugih duša koje su mučene, ova duša, uhvaćena u sopstvenom strahu i užasu, kuka i plače na glas: „Kako mogu da pobegnem od ovakvog mučenja?"

Drugi nivo kazne

Kroz priču o bogatom čoveku i Lazaru u Jevanđelju po Luki 16:19-31, možemo da delimično pogledamo na bedu Nižeg Groba. Snagom Svetog Duha, ja sam čuo jadikovanje čoveka koji

Pakao

je bio mučen u Nižem Grobu. Slušajući sledeću ispovest, ja se molim da se vi probudite iz vaše duhovne uspavanosti.

>Ja sam razvučen ovde i onde
>ali ne postoji kraj.
>Trčao sam i trčao ali nema kraja.
>Nigde ne mogu da nađem mesto da se sakrijem.
>Moja koža je odrana na ovom mestu,
>ispunjena ogavnim mirisom.
>Insekti otkidaju moju kožu.
>Pokušao sam da bežim i pobegnem od njih
>ipak ja sam uvek na istom mestu.
>Oni još uvek grizu i raznose moje telo;
>oni sisaju moju krv.
>Ja drhtim u užasu i strahu.
>Šta treba da uradim?
>
>Molim te, ja te preklinjem,
>kaži ljudima šta se događa meni.
>Reci im o mom mučenju
>kako oni ne bi završili ovde.
>Ja zaista ne znam šta da radim,
>Pod velikim strahom i užasom
>ja samo mogu samo da jecam.
>beskorisno je tražiti izlaz.
>Oni grebu moja leđa.
>Oni udaraju po mojim rukama.
>Oni deru moju kožu.

Kazne za ljude koji su umrli posle pubertetskih godina

Oni jedu moje mišiće.
Oni sisaju moju krv.
Kada se ovo završi,
ja ću biti bačen u ognjeno jezero.
Šta da radim?
Šta treba da uradim?

Iako ja nisam verovao u Isusa kao svog Spasitelja,
mislio sam da sam čovek sa dobrom savesti.
Dok nisam bačen u Niži Grob,
nikada nisam shvatao da sam počinio toliko mnogo grehova!
Sada, ja mogu samo da se kajem i kajem
za stvari koje sam učinio.
Molim te, budi siguran
da neće biti više ljudi kao što sam ja.
Mnogi ljudi ovde, dok su živeli,
misleli su da su vodili dobar život.
Ipak, oni su svi ovde.
Mnogi koji su tvrdili da veruju
i misleli da su živeli
u skladu sa voljom Boga su takođe ovde,
i oni su mučeni još više okrutnije od mene.

Voleo bih da mogu da zaboravim patnje
makar na momenat, ali ne mogu.
Ne mogu da se odmorim čak iako zatvorim svoje oči.
Kada otvorim moje oči,
ništa ne može biti viđeno i ništa ne može biti određeno.

Dok nastavljam da bežim ovde i onde,
ja sam još uvek na istom mestu.
Šta da radim?
Šta treba da uradim?
Ja te preklinjem, molim te budi siguran
da neće više postojati niko
ko će ići mojim stopama!

Ova duša je relativno dobar čovek, u poređenju sa drugima u Nižem Grobu. On preklinje Boga da dozvoli ljudima da saznaju šta se dešava sa njim. Čak i u ovom neverovatnom mučenju, on je zabrinut za duše koje bi mogle ovde da završe. Način na koji je bogati čovek preklinjao za svoju braću da budu upozoreni kako oni ne bi: „takođe došli na ovo mesto mučenja," ova duša takođe moli Boga (Jevanđelje po Luki 16).

Kako bilo, oni koji padnu u treći i četvrti nivo kazne u Nižem Grobu nemaju čak ni ovu vrstu dobrote. Tako da, oni izazivaju Boga i nemilosrdno okrivljuju druge.

Kazna nad faraonom

Faraon, kralj Egipta koji je bio protiv Mojsija, dobio je kaznu drugog nivoa, ali veličina njegove kazne je bila na ivici kazne trećeg nivoa.

Koju vrstu zla je Faraon uradio na ovoj zemlji da zasluži ovu vrstu kazne? Zašto je on bio poslat u Niži Grob?

Kazne za ljude koji su umrli posle pubertetskih godina

Kada su Izraelci ugnjetavani kao robovi, Mojsije je bio pozvan od Boga da povede Njegov narod van Egipta i povede ih u obećanu zemlju Hanan. Mojsije je otišao kod Faraona i rekao mu je da pusti Izraelce da napuste Egipat. Međutim, razumejući vrednost prinudnog rada Izraelaca, Faraon je odbio da ih pusti. Kroz Mojsija, Bog je poslao na zemlju Deset pošasti Faraonu, njegovim službenicima, i njegovom narodu. Voda Nila pretvorila se u krv. Žabe, komarci, i muve preplavile su njegovu zemlju. Pored toga, Faraon i njegov narod doživeo je zarazu stoke, najezdu stomačne zaraze, grad, skakavce i tamu. Svaki put kada su patili od zaraza, Faraon bi obećao Mojsiju da će dozvoliti da Izraelci napuste Egipat, samo da prevaziđu predstojeću zarazu. Međutim, Faraon je prekršio svoja obećanja i otvrdnuo svoje srce, i svaki put kada bi se Mojsije molio Bogu On je smrtne zaraze uklonio sa zemlje. Faraon je na kraju pustio Izraelce da odu, samo nakon što je prvorođeno dete Egipta, od naslednika prestola do prvorođenog sina robova, a takođe i prvorođeno od stoke bilo ubijeno.

Međutim, odmah posle poslednje zaraze, Faraon je ponovo promenio svoje mišljenje. On i njegova vojska počeli su da gone Izraelce, koji su logorovali pored Crvenog mora. Izraelci su bili preplašeni i uzvikivali su Bogu. Mojsije je podigao svoj štap i ispružio svoju ruku ka Crvenom moru. Onda, nastaje čudo. Crveno more je bilo podeljeno na dve polovine uz moć Božju. Izraelci su prešli Crveno more po suvoj zemlji a Egipćani su ih pratili u more. Kada je Mojsije ispružio svoju ruku ka moru ponovo sa druge strane Crvenog mora: *„A vrativši se voda potopi kola i konjike sa svom vojskom Faraonovom, što ih god* *beše pošlo za njima u more; i ne osta od njih nijedan"* (Izlazak 14:28).

U Bibliji, mnogo dobro namernih kraljeva nejevreja je verovalo i služilo Bogu. Međutim, Faraon je bio tvrdoglav, čak iako je bio svedok Božjoj moći deset puta. Kao ishod, Faraon je pao u veliku katastrofu kao što je smrt naslednika njegovog prestola, uništenju svoje vojske, i siromaštva među svojim narodom.

U današnje vreme, ljudi su čuli za svemogućeg Boga i direktno su svedoci Njegove moći. Međutim, oni su otvrdli svoja srca na način na koji je to Faraon učinio. Oni nisu prihvatili Isusa Hrista kao svog ličnog Spasitelja. Šta više, oni su odbili da se pokaju od svojih grehova. Šta će se dogoditi sa njima ako oni nastave da žive na ovaj način kao što žive sada? Na kraju, oni će dobiti isti nivo kazni kao i Faraon u Nižem Grobu.

Šta se događa sa Faraonom u Nižem Grobu?

Faraon postavljen u otpadnoj vodi

Faraon je postavljen u bazenu otpadne vode, koja je ispunjena neprijatnim mirisom. Njegovo telo je pričvršćeno u bazenu, tako da ne može da se pomera. On tamo nije sam već su tu i druge duše koje su osuđene zbog slično rangiranih grehova

Činjenica da je bio kralj ne donosi mu bolje ophođenje u Nižem Grobu. Umesto toga, zato što je imao vladarsku poziciju, aroganciju, drugi su mu služili, i živeo život u izobilju, glasnici pakla ismejavali su ga i mučili Faraona čak i još više.

Kazne za ljude koji su umrli posle pubertetskih godina

Bazen u kome je Faraon smešten nije samo ispunjen otpadnom vodom. Da li ste ikada videli trula plutajuća tela u vodi ili kanalizaciji? A luke gde su brodovi usidreni? Takva mesta su ispunjena benzinom, đubretom i neprijatnim mirisom. Čini se nemogućim da bilo kakva vrsta života opstane u takvom okruženju. Ako umočite ruke u to,vas će brinuti da li će se vaša koža zaraziti svim odvratnim sastojcima iz vode. Faraon je našao sebe u ovakvom zatvoru. Na kraju, ovaj bazen je ispunjen mnogo brojnim groznim insektima. Oni liče na gusenice ali su mnogo veći.

Insekti grickaju mekše delove tela

Ovi insekti prilaze dušama zatvorenim u bazenima, i prvo počinju da grizu mekše delove njihovih tela. Oni jedu oči, i kroz očne čašice, insekti ulaze u lobanju i počinju da glođu sami mozak. Možete li da zamislite koliko je ovo bolno? Na kraju, oni glođu sve od glave do pete. Sa čime možemo da uporedimo ovu agoniju?

Koliko je bolno kada prašina uđe u vaše oči? Koliko još bolnije će biti kada insekti jedu vaše oči? Da li možete da izdržite bol kada ovi insekti kopaju po celom vašem telu?

Sada, pretpostavimo da je igla provučena ispod vaših noktiju na rukama ili nogama. Ovi insekti nastavljaju da skidaju kožu polako stružu mišiće sve dok se kosti ne pojave. Ovi insekti se ne zaustavljaju na naličju šake. Oni se brzo podižu gore ka vašim rukama i ramenima i dole do vaših grudi, abdomena, nogu, i stražnjice. Zarobljene duše trpe mučenje i bol koji ih prati.

Insekti iznova glođu unutrašnje organe

Većina žena, kada vide gusenice, su uplašene od njih, a još manje žele da ih dodirnu. Zamislite, sada, mnogo užasniji insekti mnogo veći od gusenica ubadaju zarobljene duše. Prvo, insekti probadaju njihova tela sve do njihovih abdomena. Sledeće, oni počinju da glođu njihovo meso od srca do iznutrica. Insekti onda isisavaju tečnost iz njihovog mozga. Tokom ovog vremena, zarobljene duše ne mogu da se bore protiv njih, pomeraju okolo, ili pobegnu od ovih strašnih insekata.

Insekti nastavljaju da glođu njihova tela malo po malo, kako duša gleda svoje delove tela kako su kljucana i glođana. Ako dobijemo ovu vrstu mučenja samo na deset minuta, mi ćemo poludeti. Jedna od ovih ograničenih duša u ovom strašnom mestu je Faraon, koji je izazvao Boga i Njegovog slugu Mojsija. On je patio od neverovatnog bola dok je bio potpuno budan, bio živi svedok i osetio da su njegovi delovi tela glođani i grebani.

Kada insekti završe glodanje nad nečijim telom, da li je to kraj mučenja? Ne. Malo kasnije, grebani i glođani delovi nečijeg tela su potpuno oporavljeni, i insekti trče nazad ka duši, i glođući razne delove tela. Ovde nema zaustavljanja ili kraja. Bol ne iščezava i on se ne navikava i zato ne postaje neosetljiv prema ovom mučenju.

Ovako duhovni svet deluje. Na Nebu, ako dete Božje jede voće sa drveta, to voće ponovo izrasta. Slično tome, u Nižem Grobu, u skladu sa time koliko puta su ovi insekti glodali vaše delove tela, svaki deo vašeg tela se oporavlja odmah nakon što je bilo polomljeno i rastavljeno.

Kazne za ljude koji su umrli posle pubertetskih godina

Čak iako je jedan živeo pošten i savestan život

Pored časnih ljudi ima onih koji ne žele ili ne biraju da prihvate Gospoda i jevanđelje. Sa jedne strane, oni se čine dobrim i plemenitim, ali oni nisu dobri i plemeniti u skladu sa istinom. Poslanica Galaćanima 2:16 nas podseća da: „*doznavši da se čovek neće opravdati delima zakona, nego samo verom Isusa Hrista. I mi verovasmo Hrista Isusa da se opravdamo verom Hristovom, a ne delima zakona:, jer se delima zakona nikakvo telo neće opravdati.*" Pravedan čovek je onaj koji može biti spašen zbog imena Isusa Hrista. Samo onda, mogu svi njegovi grehovi biti oprošteni kroz njegovu veru u Isusa Hrista. Šta više, ako on veruje u Isusa Hrista, on će se zaista povinovati reči Božjoj.

Uprkos mnogim dokazima Božjeg stvaranja univerzuma i Njegovim čudima i moći pokazanoj kroz Njegove sluge, ako jedan ipak poriče svemogućeg Boga, on nije ništa nego zao čovek sa tvrdom savešću.

S njegove tačke gledišta, on je možda živeo poštenim životom. Međutim, ako on nastavi da poriče Isusa kao svog ličnog Spasitelja, on nema gde drugo da ode osim u Pakao. Ipak, zato što su takvi pojedinci živeli relativno dobar i pošten život za razliku od zlobnika koji su počinili grehove koliko su hteli prateći svoju grešne želje, oni će dobiti ili prvi ili drugi nivo kazne u Nižem Grobu.

Pored onih koji su umrli da nisu imali priliku ni da prigrle jevanđelje, ako nisu uspeli da prevaziđu sud savesti, većina njih će dobiti prvi ili drugi nivo kazne. I, duša koja prima treći ili četvrti

99

nivo kazne u Nižem Grobu, možete da pretpostavite, mora da bude mnogo više bezbožnija i zlobnija od mnogih drugih.

Treći nivo kazne

Treći i četvrti nivo kazne je rezervisan za sve one koji su se okrenuli protiv Boga, čija je savest označena, koji klevete i hule Svetog Duha, i ometaju ustanovljenje i razvijanje Božjeg kraljevstva. Šta više, svako ko je nazvao Božje crkve „jeretičkim" bez jasnog dokaza takođe dobija treći ili četvrti nivo kazne.

Pre ulaska u treći nivo kazne u Nižem Grobu, dozvolite nam da ukratko objasnimo razne forme mučenja koje je čovek zadobio.

Okrutna mučenja stvorena od čoveka

Tokom vremena kada su ljudska prava bila više fantazija nego svakodnevna rutina, mnogobrojne vrste telesnih kazni, uključujući razne vrste mučenja i pogubljenja, bile su izmišljene i sprovođenje.

Na primer, u srednjovekovnoj Evropi, zatvorski čuvari su vodili zatvorenika do podruma zgrade da bi dobili priznanje. Usput, zatvorenik vidi tragove krvi na podu a u sobi vidi razne vrste instrumenata koji su pripremljeni i upotrebljavani za mučenje. On čuje neverovatne vriske koji su odzvanjaju kroz zgradu i preplavljuju ga.

Jedna od najuobičajenijih vrsta mučenja je da se stave

Kazne za ljude koji su umrli posle pubertetskih godina

zatvorenikovi (ili bilo kome drugom koji treba biti mučen) prsti na rukama i nogama u sitne metalne okvire. Metalni okvir bi se stezao sve dok se ne bi slomili prsti na rukama i nogama. Onda, njegov prst na ruci – ili nozi bi bio iščupan jedan po jedan kako bi se metalni okvir malo po malo stezao.

Ako zatvorenik ne bi dao priznanje posle ovoga, on bi bio obešen u vazduhu sa svojim rukama savijenim unazad i njegovim telom uvrtenim u svim pravcima. U ovom mučenju, naknadni bol bi bio zadat, tako što bi u promenljivim intervalima njegovo telo bilo podignuto u vazduh i bilo bačeno na zemlju. Najgore, teški gvozdeni delovi bili su vezivani za članke zatvorenika, dok je još bio visio u vazduhu. Težina gvožđa je bila dovoljna da odvoji sve mišiće i kosti u njegovom telu. Ako zatvorenik i dalje ne bi priznao, još više užasnije i grozne metode mučenja bi se izvodile.

Zatvorenika bi stavili da sedi na stolici posebnoj napravljenoj za mučenje. Na sedištu, na naslonu, i na nogama stolice su bile gusto zbijene male burgije. Kada bi video ovaj zastrašujući predmet, zatvorenik bi pokušao da pobegne i spasi se ali zatvorski čuvari mnogo širi i jači od njega prisilili bi ga da se vrati na stolicu. U nastavku, zatvorenik bi osetio burgije koje buše njegovo telo.

Druga vrsta mučenja je obesiti osumnjičenog ili zatvorenika naopako. Posle jednog sata, njegov krvni pritisak bi prešao granicu, vene u mozgu bi eksplodirale, i krv bi ključala iz njegovog mozga kroz oči, nos, i uši. On više ne bi mogao da vidi, miriše, ili čuje.

Ponekad, vatra je korišćena da bi se zatvorenik primorao da se pokori. Službenik bi prišao osumnjičenom sa upaljenom svećom. On bi stavio sveću blizu osimnjičenovog pazuha ili tabana. Pazuh bi izgoreo zato što je to jedan od najosetljivijih delova ljudskog tela dok su tabani izgoreni zato što tamo bol traje duže.

Drugi put, osumnjičen je nateran da nosi vrele čelične čizme na bosu nogu. Onda, mučioc bi otkinuo osetljivu kožu. Ili, mučioc bi iščupao zatvorenikov jezik ili bi izgoreo njegove nepce sa čeličnim vrelim kleštima. Ako bi zatvorenik bio osuđen na smrt, on bi bio bačen u ram koji liči na točak, koji je bio napravljen da zdrobi telo u delove. Brzo okretanje kida telo na delove, dok je zatvorenik još uvek živ i svestan. Ponekad, oni su ubijani tako što bi sipali rastopljeno olovo u njegove nozdrve i ušne otvore.

Znajući da ne mogu da izdrže ovakvu vrstu mučenja, mnogi zatvorenici su često potkupljivali mučioce i čuvare zatvora za brzu i bezbolnu smrt.

Ovo su neke metode mučenja koje je izmislio čovek. Samo mala pomisao je dovoljna da nas uplaši kad u glavi stvorimo mentalnu sliku. Onda, već možete da pretpostavite da mučenja koje izvode glasnici pakla, i koji su pod strogim vođstvom Lucifera, mogu biti mnogo više groznija nego bilo koji oblik mučenja koji je osmišljen od čoveka. Ovi glasnici pakla koji nemaju saosećanje su zadovoljni samo kada čuju kako duše vrište i plaču od straha u Nižem Grobu. Oni uvek pokušavaju da naprave groznije i mnogo bolnije tehnike mučenja da bi ih izvršili nad ovim dušama.

Da li možete sebi da dozvolite da odete u Pakao? Da li možete sebi da dozvolite da vidite vaše voljene, vašu porodicu i prijatelje u Paklu? Svi Hrišćani moraju da smatraju svojom dužnošću da šire i propovedaju jevanđelje i da urade sve što mogu da spase makar jednu dušu od pada u pakao.

Šta, onda, je tačno treći nivo kazne?

i) Grozan glasnik pakla u obliku svinje

Jedna duša u Nižem Grobu je vezana za drvo, i njegova koža je sečena na sitne delove malo po malo. Možda bi ovo mogli da uporedite sa seckanjem ribe kao bi napravili sašimi. Glasnik pakla je ružna i strašna pojava koja priprema sve vrste potrebnih sprava za mučenje. Ove naprave uključuju mnoge vrste alata od malog bodeža do sekire. Onda glasnici pakla bruse alatke na kamenu. Alatke ne trebaju da budu naoštrene zato što vrh svake alatke u Nižem Grobu ostaje oštar koliko može da bude. Prava namena oštrenja je da još više uplaše dušu koja čeka mučenje.

Seckanje mesa počinje od vrhova prstiju

Kada duša čuje ovo udarenje alata i kada glasnik pakla prilazi njemu sa jezivim cerekanjem, koliko uplašen i užasnut će on biti!

„Ovaj nož je da skine moju kožu...
Ova sekira će uskoro odseći moje zglobove...
Šta treba da uradim?
Kako ću podneti ovaj bol?"

Sam užas ga sam po sebi guši. Duša stalno sebe priseća da je jako vezan za stablo drveta, ne može da se pomeri, i da ima osećaj da konopac probada njegovo telo. Što više pokušava da pobegne od drveta, jače se steže konopac oko njegovog tela. Glasnik pakla mu prilazi i on počinje da mu dere kožu, počevši od vrhova prstiju. Komadi mesa prekriveni krvavom odećom padaju na zemlju. Nokti sa njegovih prstiju su iščupani i malo kasnije, i njegovi prsti će biti isečeni. Glasnik seče meso sa njegovih prstiju, do njegovih zglobova pa sve do njegovih ramena. Sve će to biti nastavljeno dok njegove ruke nisu samo kosti. Glasnik će nastaviti dole do dušinih listova i unutrašnjih delova.

Sve dok unutrašnji organi ne budu izvađeni

Glasnik pakla će nastaviti da seče njegov abdomen. Kada srce i iznutrice izađu, on grabi ove organe i baca ih. On uzima i kida takođe druge organe sa oštrim spravama.

Sve do ovog momenta, duša je bila budna i gledala je ceo postupak; sečenje njegovog mesa i njegovi organi bacani. Zamislite da je neko vas zavezao, da seče delove vašeg tela počinjavši od ruku, deo po deo, a svaki deo veličine nokta. Kada vas nož dodirne, krv odmah počinje da se proliva i patnja odma počinje, i ne postoje reči koje mogu da adekvatno opišu vaš strah. U Nižem Grobu, kada dobijete treći nivo kazne, to nije samo deo vašeg tela; to je koža vašeg celog tela, od glave do pete, i svi vaši organi su izvađeni, jedan po jedan.

Opet, zamislite sašami, japansko jelo od sirove ribe. Kuvar je jedva odvojio riblje kosti i kožu. I on seče njenu kožu što je moguće tanje. Obrok je aranžiran u obliku žive ribe. Riba se čini da je živa i vi možete da vidite da se njene škrge pomeraju. Kuvar u restoranu nema saosećanje za ovu ribu jer da ima, on ne bi mogao da radi ovaj posao.

Molim vas spominjite vaše roditelje, vašeg bračnog druga, vaše rođake i vaše prijatelje u molitvama. Ako oni nisu spašeni i završe u paklu, oni će patiti od mučenja skidanja njihove kože i lomljenja kostiju od nemilosrdnih glasnika pakla. Naša je dužnost kao Hrišćana da širimo dobre vesti, zato što Sudnjeg Dana, Bog će sigurno smatrati svakog od nas odgovornim što nismo mogli da povedemo nekoga na Nebo.

Ubadanje dušinih očiju

Glasnik pakla ovog puta uzima burgiju umesto noža. Duša već zna šta će se njemu dogoditi zato što nije prvi put da izdržava sve ovo; on je već bio mučen na ovaj način stotine i hiljade puta od kako je bio doveden u Niži Grob. Glasnik pakla prilazi duši, duboko ubada njegove oči sa burgijom, i ostavlja burgiju u očnoj duplji na momenat. Koliko uplašena može da bude duša kada vidi da mu prilazi burgija sve bliže i bliže? Agonija od imanja burgije u svom oku ne može da se opiše rečima.

Da li je ovo kraj mučenju? Ne. Dušino lice ostaje. Glasnik pakla sada seče obraze, nos, čelo, i ostatak lica. On ne zaboravlja da odseče kožu sa dušinih ušiju, usana i vrata. Vrat, kako je sečen deo po deo, postaje tanji sve dok se ne odvoji od gornjeg torza. Ovim se završava jedna faza mučenja, ali ovaj kraj samo ukazuje početak nove runde mučenja.

Jedinka ne može čak ni da vrišti ili plače

Malo kasnije, delovi njegovog tela koji su bili odsečeni obnovljeni su, kao da se njima ništa nije dogodilo. Dok se telo samo oporavlja, postoji kratak trenutak tokom kojeg bol i agonija prestaju da traju. Međutim, ova pauza samo podseća dušu na još više mučenja koje ga čeka, i on polako uskoro počinje da drhti u užasnom strahu. Dok čeka na mučenje, ponovo se čuje zvuk brušenja. S vremena na vreme, grozni glasnik pakla koji liči na svinju posmatra ga uz užasno cerekanje. Glasnik je spreman za novu rundu mučenja. Užasno mučenje počinje iznova. Da li mislite da možete ovo da podnesete? Nijedan deo vašeg tela neće utrnuti pod instrumentima za mučenje ili od konstantnog bola. Što ste više mučeni, više ćete patiti.

Osumnjičeni u pritvoru ili zatvorenik koji treba da bude mučen zna da će ono šta ga čeka trajati veoma kratko, ali ipak on drhti i trese se od prevelikog straha. Pretpostavimo, onda, da ružni glasnik pakla što liči na svinju prilazi vama sa raznim alatima u svojim rukama, udarajući jedan o drugog. Mučenje će se ponavljati bez kraja: seckanje mesa, vađenje unutrašnjih organa, ubadanje u oči, i mnogo drugo će se nastavljati.

Međutim, duša u Nižem Grobu ne može da vrišti ili da moli glasnika pakla za život, manju okrutnost, ili nešto drugo. Vrisak drugih duša, plakanje za milost, i udaranje sprava za mučenje okružuju dušu. Odmah kako duša vidi glasnika pakla, on postaje beo kao mrtvak bez glasa. Šta više, on već zna da ne može da oslobodi sebe od patnje od kako je bačen u reku vatre posle Suda Dana Velikog belog prestola na kraju veka (Otkrivenje Jovanovo

20:11). Užasna realnost samo pridodaje patnju koja već postoji.

ii) Kazna naduvavanjem tela kao da je balon

Svako sa bar trunkom savesti može da oseti krivicu ako on/ona povredi nečija osećanja. Ili, bez obzira koliko je neki pojedinac mrzeo nekoga u prošlosti, ako u daljem životu sebe nađe u bedi, osećaj krivice raste dok osećaj mržnje nestaje, makar na kratko.

Međutim, ako je savest nekoga izgorena kao vrelom peglom, osoba je potpuno ravnodušna prema agoniji drugih, i umesto da ispunjava svoje ciljeve biti voljan da počini čak i najgroznije zavere.

Ophođenje prema ljudima kao da su đubre i smeće

Tokom drugog Svetskog rata u Nemačkoj pod diktaturom nacista, Japanu, Italiji, i drugim zemljama, brojni ljudi su bili korišćeni kao živi predmeti u užasnim i tajnim eksperimentima; ovi ljudi, su u suštini, bili zamena za pacove, zečeve, i druge obično korišćene životinje.

Na primer, da bi saznali koliko zdrav će pojedinac ostati, koliko dugo će opstati protiv raznih zlonamernih sila, i koje će vrste simptoma praćenim raznim bolestima, ćelije kancera i drugih virusa su bile presađivane. Da bi dobili precizne informacije, oni su obično sečenjem otvarali stomak ili lobanju žive osobe. Da bi ustanovili koliko prosečna osoba odgovara neverovatnoj hladnoći ili toploti, oni su brzo podizali temperaturu sobe ili brzo podizali temperaturu vode u kontejnerima u kojima su osobe bile stavljene.

Nakon što bi ovi „subjekti" ispunili njihove namere, ovi ljudi su obično ostavljeni da umru u agoniji. Oni bi malo razmišljali o dragocenosti ili bolu ovih subjekata.

Koliko okrutno i strašno je to moglo da bude za mnoge ratne zarobljenike ili druge nemoćne individue koji su postali ovi čuveni subjekti, dok su gledali svoje delove tela kidane na delove, protiv njihove volje su njihova tela bila zaražena raznim smrtnim ćelijama i supstancama, i bukvalno su gledali sebe kako umiru?

Ipak, duše u Nižem Grobu se suočavaju sa još užasnijim metodama kazni od eksperimenata nad živim bićima koja su ikada bila učinjena. Kao čovek i žena koji su stvoreni po Božjem liku i zadovoljstvu, ali takođe i onih koji su izgubili svoje dostojanstvo i vrednost, ove duše su tretirane kao đubre i smeće u Nižem Grobu.

Na način na koji ne žalimo za smećem, glasnici pakla ne sažaljevaju ili imaju suosećanje prema ovim dušama. Glasnici pakla ne osećaju krivicu ili žalost za njih, i nijedna kazna nije dovoljna.

Smrvljene kosti i raspuknuta koža

Zato, glasnici pakla vide ove duše više kao predmete za igru. Oni će naduvavati tela duša i šutirati tela zajedno jedno sa drugim.

Teško je zamisliti ovakav prizor: Kako može dugačko i ravno

Kazne za ljude koji su umrli posle pubertetskih godina

telo ljudskog bića biti naduvano kao lopta? Šta će se onda desiti sa organima? Kako su unutrašnji organi i pluća naduvena, rebra i kičma koja štiti ove organe su polomljena jedno po jedno, deo po deo. Na vrhu svega ovoga je učestali, mučan bol od istezanja kože.

Glasnici pakla se igraju sa ovim naduvenim telima nespašenih duša u Nižem Grobu, i kada njima dosadi, oni kidaju stomake duša sa oštrim kopljima. Način na koji je jednog telo naduveno pretvara se u gumene delove kada se izduva, njihova krv i delovi kože su pocepani u svim pravcima.

Međutim, posle nekog vremena, tela ovih duša su potpuno obnovljena i postavljena opet ponovo na prvobitno mesto kazne. Koliko užasno je ovo? Dok su živeli na ovoj zemlji, ove duše su bile voljene od drugih, uživali su u nekom socijalnom statusu, ili su bar mogli da dostignu neka osnovna ljudska prava.

Odjednom u Nižem Grobu, međutim, oni nemaju prava da se žale i prema njima se ophodi skoro kao prema šljunku na zemlji; njihovo postojanje nema nikakvu vrednost.

Propovednik 12:13-14 nas podseća sledeće:

> *Glavno je svemu što si čuo: Boga se boj, i zapovesti Njegove drži, jer to je sve čoveku. Jer će svako delo Bog izneti na sud i svaku tajnu, bila dobra ili zla.*

Prema tome, u skladu sa Božjim sudom, ove duše su bile degradirane do stupnja igračaki kojima se glasnici pakla igraju.

Prema tome, mi moramo da budemo svesni da ako ne uspemo

da iznesemo zadatak čoveka, što je bojati se Boga i održavati Njegove zapovesti, mi više nećemo biti prepoznatljivi kao dragocena duša koja se ponaša po Božjoj slici i zadovoljstvu, već umesto toga bićemo predmet najužasnije kazne u Nižem Grobu.

Kazna nad Pontijem Pilatom

U vreme Isusove smrti, Pontije Pilat je bio rimski vladar u regionu Jude, današnje Palestine. Od dana kada je kročio svojim nogama u Niži Grob, on je bio primljen u treći nivo kazne, koji sadrži batinjanje, iz kog posebnog razloga je Pontije Pilat bio mučen?

Iako je znao za Isusovu pravednost

Pošto je Pilat bio vladar Judeje, bilo je potrebno njegovo odobrenje da bi se razapeo Isus. Kao rimski namesnik, Pilat je bio zadužen za nadgledanje celog regiona Judeje, i on je imao mnogo špijuna koji su radili za njega na raznim lokacijama kroz region. Ipak, Pilat je bio svestan brojnih čuda koja je Isus činio, Njegove poruke ljubavi, Njegovog izlečenja bolesnih, Njegovog propovedanja o Bogu, i sličnog, kako je Isus propovedao jevanđelje kroz celi region gde su oboje i On i Pilat živeli. Povrh toga, od raporta njegovih špijuna koje je dobijao, Pilat je zaključio da je Isus bio dobar i nedužan čovek.

Šta više, zato što je Pilat znao da su jevreji želeli da očajnički ubiju Isusa zbog ljubomore, on je učinio sve napore da Njega oslobodi. Međutim, pošto je Pilat takođe bio ubeđen da će neobaziranje na jevreje dovesti do velikih socijalnih nemira u njegovoj provinciji, on je završio tako što je dao da Isus bude razapet na zahtev jevreja. Da se nemir dogodio pod njegovom vladavinom, teška odgovornost bi sigurno ugrozila Pilatov sopstveni život. Na kraju, Pilatova kukavička savest uzrokovala je njegovo odredište posle smrti. Na način na koji su Rimski vojnici šibali Isusa pod Pilatovom komandom pre Njegovog raspeća, takođe, on je bio podvrgnut istoj kazni: večnom šibanju od glasnika pakla.

Šibanje Pilata svaki put kada se njegovo ime izgovori

Ovako je Isus bio šiban. Šiba je imala parče gvožđa ili kosti nameštenih na kraju dugačkog kožnog kaiša. Pri svakom udarcu, šiba bi kidala Isusovo telo, i kosti i metalni delovi na krajevima bi kidali Njegovo meso. Pri zamahu, meso je bilo kidano od povreda, gde bi šiba udarala, ostavljajući velike i duboke posekotine.

Prema tome, svaki put kada ljudi izgovore njegovo ime na ovom svetu, glasnik pakla udari šibom Pilata u Nižem Grobu. Tokom svake službe bogosluženja, mnogi hrišćani recituju apostolske veroispovesti. Kad god je deo „patio je zbog Pontija Pilata" recitovan, on je šiban. Kada stotine i hiljade ljudi recituje njegovo ime u isto vreme, brzina pod kojom je on šiban i snaga svakog udarca dramatično raste. S vremena na vreme, drugi glasnici pakla se okupe oko Pilata da bi pomogli jedni drugima u šibanju.

Iako je Pilatovo telo bilo pokidano u delove i prekriveno krvlju, glasnici pakla ga šibaju kao da se takmiče među sobom. Šibanje kida Pilatovo meso, otkriva njegove kosti, i vadi njegovu koštanu srž.

Njegov jezik je trajno uklonjen

Dok je mučen, Pilat stalno vrišti: „Molim vas ne izgovarajte moje ime! Svaki put kada ga spomenete, ja patim i patim!" Međutim, ni glas se ne čuje iz njegovih ustiju. Njegov jezik je odsečen, zato što je sa istim jezikom osudio Isusa da bude razapet. Kada ste vi u bolovima, pomalo pomaže da vičete i vrištite. Za Pilata, ni takva mogućnost nije dozvoljena.

Ima nešto drugačije kod Pilata. Za druge osuđene duše u Nižem Grobu, kada su razni delovi tela odrani, odsečeni, ili spaljeni, ovi delovi tela se sami regenerišu. Međutim, Pilatov jezik je bio zauvek uklonjen kao simbol prokletstva. Čak iako je Pilat molio i molio ljude da ne zovu njegovo ime, ono će biti recitovano sve do Sudnjeg Dana. Što je više njegovo ime zvano, užasnija patnja njegova postaje.

Pilat je promišljeno počinio greh

Kada je Pilat predao Isusa da bude razapet, on je uzeo vodu da opere ruke ispred cele mase, i onda je rekao ljudima: „*Ja nisam kriv u krvi ovog pravednika: vi ćete videti*" (Jevanđelje po Mateju 27:24). U odgovoru, Jevreji, sada još spremniji nego ikad da ubiju Isusa, odgovorili su Pilatu: „*Krv njegova na nas i na decu našu!*" (Jevanđelje po Mateju 27:25)

Šta se desilo sa Jevrejima nakon što je Isus bio razapet? Oni su bili masakrirani kada je grad Jerusalim bio okupiran i uništen od

Rimskog generala Titusa u 70., godini posle Hrista. Od tada, oni su bili rasejani na sve strane sveta i ugnjetavani u zemljama koje nisu njihove. Tokom drugog Svetskog rata, oni su bili prisilno premešteni u mnogim koncentracionim kampovima širom Evrope, gde je bilo preko šest miliona Jevreja gušenih do smrti u gasnim komorama ili na drugi način brutalno masakrirani. Tokom prvih pet dekada od postojanja njihove moderne države posle sticanja nezavisnosti u 1948-oj godini država Izrael se konstantno suočava pretnjama, mržnji i oružanim pretnjama od strane svojih komšija na Srednjem istoku.

Čak iako su Jevreji dobili kaznu zbog svojih tvrdnji: „Krv njegova na nas i na decu našu!" ovo ne znači da je kazna za Pilata na neki način bila umanjena. Pilat je promišljeno počinio greh. On je imao mnogo mogućnosti da ne počini greh, ali ipak je to učinio. Čak i njegova žena, nakon što je bila upozorena u snu, zapovedala je Pilatu da ne ubija Isusa. Ignorisanjem svoje sopstvene savesti i saveta svoje supruge, Pilat je ipak osudio Isusa da bude razapet. Kao ishod, on je bio prisiljen da dobije treći nivo kazne u Nižem Grobu.

Čak i danas, ljudi čine zločine čak iako znaju da su to zločini. Oni iznose tajne jedni o drugima zbog svoje koristi. U Nižem Grobu, treći nivo kazne je dodeljen onima koji su u zaveri protiv drugih, daju lažna svedočenja, klevete, prave grupe ili bande za ubistva ili mučenje, kukavički se ponašaju, izdaju druge u vreme opasnosti ili bola, i slično tome.

Bog će dovesti svako delo u pitanje

Baš kao što je Pilat stavio krv Isusa u ruke Jevreja time što je oprao svoje ruke, neki ljudi stavljaju krivicu u određenoj situaciji ili uslovima na druge ljude. Ipak, odgovornost za ljudske grehove ostaje u njima samima. Svaki pojedinac ima slobodnu volju, i on ne samo da ima pravo da odlučuje, nego će i biti odgovoran za svoje postupke. Slobodna volja nam dozvoljava da napravimo izbor između da li da verujemo ili ne u Isusa kao našeg ličnog Spasitelja, bilo da ili ne održavamo Gospodov Dan svetim, bilo da ili ne dajemo ceo desetak Bogu, i slično tome. Međutim, rezultat našeg izbora se vidi kroz ili večnu radost na Nebu ili večnu kaznu u Paklu.

Šta više, rezultat bilo koje odluke koju ste napravili je ona vaša koju ćete nositi, tako da ne možete nikoga drugoga da krivite za to. Zbog toga vi ne možete da kažete stvari kao što su: „Ja sam ostavio Boga zbog svojih roditelja koji me proganjaju" ili „Nisam mogao da održavam Gospodov Dan svetim ili da dam svoj desetak Bogu zbog moga bračnog druga." Ako neko ima veru, on će se zasigurno bojati Boga i održavaće sve Njegove zapovesti.

Pilat, čiji je jezik isečen zbog njegovih kukavičkih reči, osećao je grižu savesti i žalio je dok je stalno šiban u Nižem Grobu. Posle smrti, međutim, nema druge šanse za Pilata.

Ipak, oni koji su živi još uvek imaju šanse. Vi nikada ne treba da se uzdržavate od straha pred Bogom i održavate Njegove zapovesti. Isaija 55:6-7 nam govori: „*Tražite GOSPODA, dok se može naći; prizivajte Ga, dokle je blizu. Neka bezbožnik ostavi svoj put i nepravednik misli svoje; i neka se vrati ka GOSPODU, i smilovaću se na nj, i k Bogu našem, jer prašta mnogo.*" Zbog toga što je Bog ljubav, On nam dozvoljava da znamo šta se dešava u Paklu dok smo još živi. On tako čini da bi probudio mnoge ljude iz njihove duhovne dremke, i osposobio i ohrabrio nas da širimo dobre vesti još više ljudima kako bi oni mogli, takođe, da žive u Njegovoj milosti i samilosti.

Kazna nad Saulom prvim kraljem Izraela

Jeremija 29:11 nam govori: „J „er ja znam misli koje mislim za vas", govori GOSPOD, „misli dobre a ne zle, da vam dam posledak kakav čekate."" Reč je bila data Jevrejima kada su bili proterani u Vavilon. Stihovi prorokuju Božji oproštaj i milost koja će biti data Njegovom narodu, kada budu prognani zbog njihovih grehova protiv njihovog Boga.

Iz istog razloga, Bog objavljuje poruku o Paklu. On čini to ne da bi prokleo nevernike i grešnike, već da se pokaju svi oni koji nose teško breme poput robova neprijatelju Sotoni i đavolu, i spasi ljude stvorene po Njegovom liku od pada na to užasno mesto.

Ipak, umesto straha nad tim užasnim uslovima Pakla, sve što treba da uradimo sada je da razumemo neizmernu ljubav Boga i, ako ste ne vernik, da prihvatite Isusa Hrista kao ličnog Spasitelja od sada pa na dalje. Ako niste živeli u skladu sa reči Božjom dokazujući vašu veru u Njega, okrenite se i činite onako kako vam On govori.

Duše koje su ostale neposlušne prema Bogu

Kada je Saul nasledio presto, on je bio veoma skroman. Međutim, on je uskoro postao mnogo arogantan da bi se pokorio reči Božjoj. On je pošao zlim putevima i postao nemoralan i na kraju, Bog je okrenuo Svoje lice od Saula. Kada vi grešite protiv Boga, vi morate da promenite vaše misli i pokajete se bez ustručavanja. Vi ne treba da pokušavate da se opravdavate ili da sakrijete vaš greh. Samo onda, Bog će primiti vašu molitvu pokajanja i otvoriće put opraštanja.

Kada je Saul čuo da je Bog miropomazao Davida kao njegovog naslednika, kralj je držao njegovog budućeg naslednika za svog neprijatelja i do kraja svog života pokušavao da ga ubije. Saul je čak ubio sveštenika Božjeg zbog pomaganja Davidu (1. Samuelova 22:18). Ovakvo delo je isto kao i suprotstavljanje Bogu, licem u lice.

Na ovaj način, kralj Saul je ostao nepokoran i nagomilao je svoja zla dela ali Bog nije odmah uništio Saula. Čak iako je Saul bio protiv Davida i pokušavao je mnogo dugo da ga ubije, Bog je nastavio da ostavlja Saula da živi.

Ovo služi za dve namere. Prva, Bog je nameravao da napravi veliko plovilo i kralja od Davida. Drugo, Bog je dao dovoljno vremena Saulu i mogućnosti da se pokaje u svojim zlim delima.

Kada bi Bog ubio svakog od nas kada počinimo greh dovoljno veliki da budemo usmrćeni, niko od nas ne bi preživeo. Bog će oprostiti, čekati, i čekati ali ako jedinka se ne okrene Njemu, Bog će pogledati na drugu stranu. Međutim, Saul nije mogao da razume srce Boga i težio je za telesnim požudama. Na kraju, Saul je kritično povređen strelama i posle se sam ubio sopstvenim mačem (1. Samuelova 31:3-4).

Saulovo telo visi u vazduhu

Koja je kazna za arogantnog Saula? Oštro koplje probada njegov abdomen dok on visi u vazduhu. Oštrica koplja gusto zbijena sa predmetima koji liče na oštre burgije na krajevima bodeža. To je užasno bolno da samo visiš u vazduhu. Još je više bolnije biti obešen u vazduhu dok vas bode koplje kroz abdomen, i vaša težina samo pridodaje bol. Koplje rastura probodeni abdomen oštrim sečivom i burgijama. Kako se koža kida, mišići, kosti, unutrašnji organi su izloženi.

Kada, u neko vreme, glasnici pakla priđu Saulu i okrenu koplje, sva oštra sečiva i burgije koje su pričvršćene na koplju takođe mu kidaju telo. Ovo okretanje koplja razdvaja Saulova pluća, srce, stomak, i unutrašnje organe.

Odmah nakon što Saul izdržava ovaj grozan način mučenja i njegova utroba rascepana u delovima, svi njegovi unutrašnji organi su potpuno obnovljeni. Jednom kada su potpuno obnovljeni, glasnik pakla prilazi Saulu i ponavlja postupak. Dok pati, Saul ce se prisećati na sve šanse za pokajanje koje je ignorisao u svom životu.

Zašto se nisam pokorio Božjoj volji?
Zašto sam se borio protiv Njega?
Trebao dam da obratim pažnju na
primedbu proroka Samuela!
Trebao sam da se pokajem
kada me je moj sin Jonatan molio u suzama!

Samo da nisam bio tako zao prema Davidu,
moja kazna bi možda bila lakša...

Beskorisno je za Davida da oseća grižu savesti ili da se kaje pošto je upao u pakao. Neizdržljivo je biti obešen u vazduhu i biti boden kopljem po abdomenu, ali kada glasnik pakla prilazi Saulu zbog druge runde mučenja, Saul je prestravljen od straha. Bol koji je još do pre momenta podnosio još uvek je previše stvaran i jak, i on se guši od pomisli na stvari koje dolaze.

Saul može da moli: „Molim vas ostavite me na miru!" ili „Molim vas zaustavite ovo mučenje!" ali to je uzaludno. Što više Saul postaje plašljiv, zadovoljniji postaje glasnik pakla. On će okretati i okretati koplje, i agonija da ima odvojeno telo se konstantno ponavlja za Saula.

Gordost je vrh koplja uništenja

Sledeći slučaj je uobičajen u svakoj crkvi danas. Novi vernik će, prvo, primiti i biti ispunjen Svetim Duhom. On će biti nestrpljiv da služi Bogu i Njegovim slugama ali za kratko. Međutim, taj vernik će početi da se ne sluša volju Božju, Njegovu crkvu, i Njegove sluge. Ako se ovo nagomila, on će početi da osuđuje i krivi druge rečima Božjim koje je čuo. On će vrlo verovatno i postati gord u svojim delima.

Prvu ljubav koju je podelio sa Gospodom postepeno iščezava tokom vremena, i njegova nada-jednom smeštena na Nebu-je sada sa ovozemaljskim stvarima- stvarima koji je jednom napustio. Čak i u crkvi, od sada želi da mu drugi služe, postaje pohlepan za novcem i moći, i upušta se u telesna zadovoljstva. Kada je bio siromašan, on se možda molio: „Bože daj mi blagoslov materijalnog bogatstva!" Šta će biti jednom kada dobije blagoslov? Umesto da iskoristi blagoslov u pomaganju siromašnima, misionarima, Božjim delima, on sada troši Božiji blagoslov u traženju zadovoljstva ovog sveta.

Zbog ovoga, Sveti Duh je u vernikovim jadikovkama; njegov duh očekuju mnoga iskušenja i poteškoće; a kazna je možda na putu. Ako nastavi da greši, njegova savest može da utrne. On možda neće da razdvoji Božju volju od pohlepe svog srca, koju često kasnije traži.

Ponekad, on će postati ljubomoran na Božje sluge koji su veoma obožavani i voljeni od članova svoje crkve. On će možda da ih krivo da optuži i omete njihovo službovanje. Za svoju ličnu korist, on stvara činjenice iznad crkve, užasnim uništavanjem crkve u kojoj Hrist boravi.

Ovakva osoba nastavlja da prkosi Bogu i postaje alat neprijatelja Sotone i đavola, i na kraju liči na Saula.

Bog osporava ponosne ali daje slavu skromnima

U 1. Petrovoj Poslanici 5:5 čitamo da: *„Tako vi mladi slušajte starešine; a svi se slušajte među sobom, i stecite poniznost; jer se Bog ponositima suproti, a poniženima daje blagodat."* Ponosni sude poruku sa propovedanu sa podijuma dok je slušaju. Oni prihvataju šta se slaže sa njihovim sopstvenim mislima, ali odbijaju ono što se ne slaže. Većina ljudskog razmišljanja se razlikuje od Božjeg, Vi ne možete da kažete da verujete i volite

Boga ako prihvatite samo stvari koje se podudaraju sa vašim mislima. 1. Poslanica Jovanova 2:15 nam govori: *„Ne ljubite svet ni što je na svetu. Ako ko ljubi svet, nema ljubavi Očeve u njemu."* Prema tome, ako ljubav Oca nije sa tim pojedincem, on ili ona neće se družiti sa Bogom. Zbog toga, ako tvrdite da se družite sa Njim a ipak hodate u tami, vi lažete i ne živite u istini (1. Poslanica Jovanova 1:6).

Vi uvek morate da budete obazrivi i uvek ispitujte sebe da li ste postali gordi, ili da li želite da vam služe umesto da služite druge, ili da li ljubav za ovaj svet struji sačuvana u vašem srcu.

Četvrti nivo kazne nad Judom Iskariotskim

Videli smo da je prvi, drugi i treći nivo kazne u Nižem Grobu tako užasan i okrutan van naše zamisli. Mi smo takođe ispitali brojne razloge zbog kojih su ove duše dobile ovako okrutne kazne.

Od ovog momenta, hajde da se udubimo u najzastrašujuće kazne od svih u Nižem Grobu. Koji su neki od primera četvrtog nivoa kazni i koju vrstu zla imaju ove duše osuđene da bi ih zaslužile?

Počiniti neoprostivi greh

Biblija nam govori da vam za neke grehove može biti oprošteno kroz pokajanje, dok ima drugih vrsta grehova od kojih

Kazne za ljude koji su umrli posle pubertetskih godina

vam ne može biti oprošteno, vrsta grehova koja vas vodi u smrt (Jevanđelje po Mateju 12:31-32; Poslanica Jevrejima 6:4-6; 1. Jovanova Poslanica 5:16). Ljudi koji hule svetog Duha, namerno čine greh a poznaju istinu, i slični ovoj kategoriji greha, oni će pasti u najdublji deo Nižeg Groba.

Na primer, mi često vidimo ljude koji su bili izlečeni ili su njihovi problemi rešeni kroz milost Boga. U početku, oni su oduševljeni zbog dela Boga i Njegove crkve. Ipak, vremenom mi ih viđamo kako su omamljeni ovim svetom, i na kraju oni okreću leđa Bogu.

Oni se ponovo upuštaju u zadovoljstva ovog sveta, samo što ovaj put, oni čine mnogo više nego što su činili pre. Oni izlažu crkvu u nemilost i vređaju druge hrišćane i Božje sluge. Često puta, ove javne izjave o njihovoj veri u Boga su prve koje su osuđene i označavaju crkvu ili pastore kao „jeretičke" zasnovano na njihovim sopstvenim perspektivama i rezonovanju. Kada oni vide da je crkva ispunjena snagom Svetog Duha i Božjim čudesnim delima koja se dešavaju kroz Njegove sluge, samo zato što ne mogu biti uključeni, oni žure da osude celokupnu kongregaciju kao „jeretičkom" ili smatraju da su dela Svetog Duha ona Sotonina.

Oni su izdali Boga i ne mogu da dobiju duh pokajanja. Drugim rečima, ovakvi ljudi nisu u mogućnosti da okaju svoje grehove. Zato, nakon smrti, ovi „hrišćani" će dobiti teže kazne nego oni koji nisu verovali u Isusa Hrista kao svog ličnog Spasitelja i završili u Nižem Grobu.

2. Petrova Poslanica 2:20-21 nam govori: *„Jer ako odbegnu od nečistote sveta poznanjem Gospoda i spasa našeg Isusa*

Hrista, pa se opet zapletu u njih i budu nadvladani, bude im poslednje gore od prvog. Jer im beše bolje da ne poznaše put pravde, negoli kad poznaše da se vrate natrag od svete zapovesti koja im je predana." Ovi ljudi nisu poslušali reč Božju i izazvali su Ga čak iako su znali reč i zbog ovoga, oni će dobiti kazne mnogo veće i teže od onih koji nisu verovali.

Ljudi čija savest je žigosana

Duše koje dobijaju četvrti nivo kazne nemaju samo neoprostive grehove, već je njihova savest žigosana. Neki od ovih ljudi su potpuno postali robovi neprijatelju Sotoni i đavolu, koji su se suprotstavili Bogu i nemilosrdno protivili Svetom Duhu. To je isto kao da su lično razapeli Isusa na krst.

Isus naš Spasitelj je razapet da bi nam oprostio grehove i oslobodio čoveka kletve od večnog života. Njegova dragocena krv iskupljuje sve one koji veruju u Njega, ali kletva ljudi koji primaju četvrti nivo kazne čini ih nepodesnim u dobijanju spasenja čak i sa krvlju Isusa Hrista. Zato, oni su osuđeni da budu razapeti na sopstvenom krstu i dobiju svoje vlastite kazne u Nižem Grobu.

Juda Iskariotski, jedan od Isusovih dvanaest učenika i verovatno jedan od najpoznatijih izdajnika u istoriji čovečanstva, je pravi primer. Svojim sopstvenim očima, Juda je video Sina Božjeg u telu. On je postao jedan od Isusovih učenika, učio je o reči, i bio svedok mnogim čudesnim delima i znakovima. Ipak, Juda nikada do kraja nije mogao da odbaci svoju pohlepu i greh. Konačno, Juda je bio podstaknut Sotonom i prodao je svog učitelja za 30 srebrnjaka.

Bez obzira koliko je Juda Iskariotski želeo da se pokaje

Šta mislite ko je više kriv: Pontije Pilat koji je osudio Isusa da bude razapet, ili Juda Iskariotski koji je prodao Isusa Jevrejima? Isusov odgovor na jedno od Pilatovih pitanja dovodi nas do jasnog odgovora:

> *Ne bi imao vlasti nikakve nada Mnom kad ti ne bi bilo dano odozgo; zato onaj ima veći greh koji Me predade tebi* (Jevanđelje po Jovanu 19:11).

Greh koji je Juda počinio je zaista veći greh, jedan od koga mu ne može biti oprošteno i nije mu dat duh pokajanja. Kada je Juda shvatio veličinu svog greha, on je žalio i vratio je novac, ali nikada mu nije dat duh pokajanja.

Na kraju, u nemogućnosti da prevaziđe teret svojih grehova, u agoniji Juda Iskariotski čini samoubistvo. Dela Apostolska 1:18 nam govore da Juda: *„steče njivu od plate nepravedne, i obesivši se puče po sredi, i izasu se sva utroba njegova"* opisujući njegov užasan kraj.

Juda obešen na krstu

Koju vrstu kazne je Juda dobio u Nižem Grobu? U najdubljem delu Nižeg Groba, Juda je obešen na krstu sa prednje strane. Sa Judom na njegovom krstu sa prednje strane, krstovi onih koji su se mnogo suprotstavljali Bogu su poređani. Ovaj prizor podseća na masovnu grobnicu ili groblje nakon rata u punom zamahu ili klanica ispunjen mrtvom stokom.

Raspinjanje na krst je najokrutnija kazna čak i na ovom svetu. Korist raspeća služi kao primer i kao upozorenje svim zločincima i budućim zločincima o njihovoj mogućoj budućnosti. Svako ko visi na krstu, čija je agonija veća nego sama smrt, tokom mnogo sati- gde delovi tela počinju da se pretvaraju u parčad, insekti glođu telo, i sva krv izlazi iz njegovog tela- želi da što je moguće pre udahne svoj poslednji dah.

Na ovoj zemlji, bol razapeća traje najviše pola dana. Međutim, u Nižem grobu gde nema kraja mučenju i svakako nema smrti, tragedija kazne raspećem će se nastaviti sve do Sudnjeg Dana.

Šta više, Juda nosi krunu koja je napravljena od trnja, koje konstantno raste i kida njegovu kožu, bode lobanju, i probada mozak. Pored toga, ispod njegovih nogu su, kako izgleda neke vijugave životinje. Bliži pogled ih razotkriva kao druge duše koje su pale u Niži Grob, i čak i one muče Judu. Na ovom svetu, oni su se isto suprotstavili Bogu i nakupili zlo, i njihova savest je bila žigosana. Oni, takođe su dobili teške kazne i mučenja, i što više mučenja su dobili, još agresivniji su postali. Naizmenično, kada da je to izlaz iz njihove mržnje i agonije, oni bi nastavili da probadaju Judu sa kopljima.

Onda, glasnici pakla vređaju Judu govoreći mu: „Ovo je taj koji je prodao Mesiju! On je napravio dobre stvari za nas! Dobro za njega! Kako apsurdno!"

Kazne za ljude koji su umrli posle pubertetskih godina

Veliko mentalno mučenje zbog prodaje Sina Božjeg

U Nižem Grobu, Juda Iskariotski mora da istrpi ne samo kao fizičko mučenje, već takođe i nepodnošljivu količinu mentalnog mučenja. On će se uvek sećati da je bio proklet što je prodao Sina Božjeg. Povrh toga, zato što je ime „Juda Iskariotski" postalo sinonim sa izdajom čak i na ovom svetu, njegovo mentalno mučenje raste shodno tome.

Isus je znao unapred da će Juda odati Njega i šta će se dogoditi sa Judom posle smrti. Zbog toga je Isus pokušavao da povrati Judu nazad sa rečju, ali On je takođe znao da ga neće povratiti. Ipak, u Jevanđelju po Marku nalazimo kako Isus žali: *„Sin čovečji dakle ide kao što je pisano za Njega; ali teško onom čoveku koji izda Sina čovečjeg! Bolje bi mu bilo da se nije rodio onaj čovek."*

Drugim rečima, ako pojedinac dobije prvi nivo kazne, što je najlakša kazna, bilo bi bolje za njega da se nije rodio uopšte zato što je bol toliko veliki i užasan. Šta je sa Judom? On je dobio najstrožiju od svih kazni!

Da ne bi pao u pakao

Ko, onda, se plaši Boga i održava Njegove zapovesti? To je onaj koji stalno drži Božji dan svetim i daje ceo desetak Bogu – dva osnovna elementa u životu hrišćanina.

Održavajući Božji dan svetim simbolizuje naše prepoznavanje Božje vrhovne vlasti nad duhovnim kraljevstvom. Održavanjem Božjeg dana svetim služi kao znak koji vas prepoznaje i odlikuje vas kao jedno od Božjih deteta. Ipak, ako ne održavate Gospodnji dan svetim, bez obzira koliko iskazujete vašu veru u Boga Oca, tamo nema duhovne potvrde da ste vi bili jedno od Božje dece. U takvom slučaju, vi nemate drugog izbora osim da odete u Pakao.

Dati ceo desetak Bogu znači da vi poznajete Božju vrhovnu vlast iznad svega. To takođe znači da vi prepoznajete i razumete Božje isključivo vlasništvo nad celim univerzumom. Po Malahiji 3:9 Izraelci su bili prokleti nakon „zakidanja [Boga]." (Nisu davali ceo desetak) On je stvorio ceo univerzum i dao vama život. On nam daje sunce i kišu za život, energiju da radimo, i zaštitu da čuva ono što uradimo u toku dana. Bog poseduje sve što imate. Ipak, čak iako svi vaši prihodi pripadaju Bogu, On nam dozvoljava da damo Njemu samo desetak onoga što smo zaradili, a ostalo iskoristimo po svojim namerama. GOSPOD vojska nebeskih nam govori u Malahiji 3:10: „*Donesite sve desetke u spreme da bude hrane u Mojoj kući, i okušajte Me u tom, hoću li vam otvoriti ustave nebeske i izliti blagoslov na vas dok ne preliva.*" Tako dugo sve dok ostanemo odani Njemu sa datim desetkom, Bog, kao što je obećao, će širom otvoriti vrata poplave sa Neba i proliće tako mnogo blagoslova da nećemo imati mesta za njih. Međutim, ako ne dajete desetak Bogu, to znači da vi ne verujete u Njegove obećanje o blagoslovu, manjka vam vere da bi bili spašeni, i kako ste vi zakidali Boga vi nemate na koje drugo mesto da odete osim u pakao.

Zato, mi moramo uvek da održavamo Gospodnji dan svetim, dajemo ceo desetak Onome kome sve pripada, i održavamo sve Njegove zapovesti napisane u šezdeset i šest knjiga Biblije. Ja se

Kazne za ljude koji su umrli posle pubertetskih godina

molim da niko od čitalaca ove knjige ne padne u pakao.

U ovom poglavlju, razmotrili smo do razne vrste kazni, podeljene na četiri nivoa, koje se izvode nad osuđenim dušama koja su zatvorene u Nižem Grobu. Koliko, okrutno, zastrašujuće, užasno je ovo mesto?

2. Poslanica Petrova 2:9-10 nam govori: „*Zna Gospod pobožne izbavljati od napasti, a nepravednike mučeći čuvati za dan sudnji; a osobito one koji idu za telesnim željama nečistote, i ne mare za poglavarstvo. I koji su bezobrazni i samovoljni, i ne drhću huleći na slavu.*"

Zao čovek koji čini grehe i čineći zlo, ometa ili prekida u delima crkve, ne plaši se Boga. Takvi ljudi koji se razmetljivo suprostavljaju Bogu ne mogu i ne treba da traže ili očekuju da dobiju Božju pomoć u vremenima tuge i iskušenja. Sve dok se ne desi Sud Velikog belog prestola, oni će biti zatvoreni u dubine Nižeg Groba i dobiće kazne u skladu sa vrstama i veličinom njihovih zlih dela.

Oni koji su vodili dobre, pravedne i odane živote su uvek pokorni Božjoj veri. Tako, čak i kad ljudska zloba ispuni zemlju i kad je Bog morao da otvori vrata poplave sa Nebu, mi vidimo da su samo Noje i njegova porodica bili spašeni (Postanak 6:8).

Na način na koji se Noje plašio Boga i povinovao se Njegovim zapovestima i u skladu sa tim izbegao sud i dostigao spasenje, mi, takođe, moramo da postanemo verna Božja deca u svemu što radimo da bi mogli da postanemo istinska Božja deca i ispunimo Njegovo proviđenje.

Poglavlje 6

Kazna za huljenje Svetog Duha

Patnja u buretu sa ključalom tečnošću

Penjanje na vertikalnu liticu

Prženje po ustima usijanim gvožđem

Enormno velike mašine za mučenje

Svezan za drveni trupac

„I svaki koji reče reč
na Sina čovečijeg oprostiće mu se,
a koji huli na Svetog Duha neće mu se oprostiti."
- Jevandelje po Luki 12.10 -

„Jer nije moguće one koji su jednom prosvetljeni,
okusili dar nebeski, postali zajedničari Duha Svetog,
i okusili dobru reč Božju, i silu onog sveta, i otpali,
opet obnoviti na pokajanje,
jer sami sebi nanovo raspinju i ruže Sina Božijeg."
- Poslanica Jevrejima 6:4-6 -

Kazna za huljenje Svetog Duha

U Jevanđelju po Mateju 12:31-32, Isus nam govori: „*Zato vam kažem: svaki greh i hula oprostiće se ljudima; a na Duha Svetog hula neće se oprostiti ljudima. I ako ko reče reč na Sina čovečijeg, oprostiće mu se; a koji reče reč na Duha Svetog, neće mu se oprostiti ni na ovom svetu ni na onom.*" Isus je izgovarao ove reči Jevrejima, koji su korili Njega zbog propovedanja jevanđelja i izvođenja dela božanske moći, bunili su se da je On bio pod uticajem zlog duha i da je On izvodio čuda sa moćima neprijatelja Sotone i đavola.

Čak i danas, mnogi ljudi iskazuju svoju veru u Hrista osuđuju crkve koje su ispunjene moćnim delima i čudima Svetog Duha, i označavaju ih kao „jeretičke" ili „đavolja posla" samo zbog toga što nisu u mogućnosti da ih shvate ili prihvate. Ipak, kao drugačije može kraljevstvo Božje biti rašireno i jevanđelje da se širi oko sveta bez moći i autoriteta koje dolazi od Boga, za koje kažemo, da je delo Svetog Duha?

Negirati dela Svetog Duha nije drugačije od negiranja Boga Lično. Bog, onda, neće prepoznati one koji se suprotstavljaju delima Svetog Duha kao Njegovu decu, bez obzira koliko oni smatraju sebe „hrišćanima."

Zato, imajte na umu da nakon što ste videli i iskusili Božje mesto boravka sa Njegovim slugama i prelepe i čudesne znakove i događaje koji se zbivaju, ako jedan i dalje etiketira Božje sluge i Njegovu crkvu „jeretičkom" on je jako omeo i hulio Svetog Duha i jedino mesto rezervisano za njega su dubine pakla.

Ako crkva, pastor, ili bilo koji sluga Boga iskreno prepozna Trojedinog Boga, veruje u Bibliju da je reč Boga i uči nas, i svestan je života koji će doći ili na nebu ili u paklu i Sud, i veruje da je Bog vladar nad svim i Isus je nas Spasitelj i tako ih uči. niko ne bi trebao ili ne sme da osudi i etiketira crkvu, pastora, i sluge Božje „jeretičkim."

Ja sam osnovao Manmin crkvu 1982., godine i poveo sam mnogo duša na put spasenja kroz dela Svetog Duha. Čudno, među ljudima koji su lično i personalno doživeli dela živog Boga bilo je onih koji su ustvari osuđivali Boga tako što su aktivno ometali dela i ciljeve kongregacije i širili su glasine i laži o meni i o crkvi.

Dok sam opisivao užas i agoniju pakla u dubini, Bog mi je takođe otkrio o kaznama koje čekaju u Nižem Grobu one koji ometaju, ne pokoravaju se i hule Svetog Duha. Koju vrstu kazne će oni dobiti?

Patnja u buretu sa ključalom tečnošću

Ja žalim i proklinjem bračne zavete
koje sam napravila sa svojim suprugom.
Zašto sam na ovom užasnom mestu?
On me je obmanuo i zbog njega, ja sam ovde!

Ovo je žaljenje žene koja je dobila četvrti nivo kazne u Nižem Grobu. Razlog njenog strašnog jecanja odjekuje kroz tamu i pepeo se širi zato što je nju njen suprug naveo da se suprotstavi Bogu zajedno sa njim.

Žena je bila zla ali se ipak njeno srce je moralo da se, do

određene mere, plaši Boga. Tako, žena nije bila u stanju d sama ometa Svetog Duha i prepire se sa Bogom. Kako bilo, u traženju zadovoljena njenih telesnih potreba, njena savest se uparila sa zlom savešću njenog muža, i bračni par se jako usprotivio Bogu i Njegovim delima.

Bračni par koji je skupa činio zlo je sada kažnjen zajedno kao par čak i u Nižem Grobu, i patiće zbog svih svojih zlih dela. Šta će, onda, izaći kao njihove kazne u Nižem Grobu?

Bračni par mučen jedan po jedan

Lonac je ispunjen užasnim mirisom i osuđene duše su umočene u veoma ključalu tečnost, jedan po jedan. Kada glasnik pakla stavi svaku dušu u lonac, temperatura tečnosti prekriva celo telo plikovima – što podseća na leđa žabe krastače – i oči iskaču napolje.

Kada god oni očajnički pokušavaju da izbegnu ovo mučenje i izvire glavom iz lonca, velika noga ih gnječi i uronjuje njihove glave. Gusto načičkane na petama ovih ogromnih nogu glasnika pakla su gvozdeni ili mesingani klinovi. Kada bi ih ove noge pritiskale, duše su prisiljene da se vrate u lonac sa velikim ranama i povredama.

Posle nekog vremena, duše vade svoje glave ponovo zato što ne mogu da izdrže ovaj osećaj gorenja. Baš tada, kao i mnogo puta pre, oni su gaženi i gurnuti nazad u lonac. Šta više, zato što duše čekaju red u dobijanju ovog mučenja, ako je suprug unutar lonca, žena mora da gleda ovaj užas, i obrnuto.

Ovaj lonac je providan tako da je unutrašnjost lonca može

videti od spolja. Na početku, kada suprug ili žena vide svog voljenog/voljenu mučene i maltretirane na tako užasan način, iz uzajamne privrženosti svako od njih plače za milost onog drugoga.

Moja žena je unutra!
Molim vas izvadite je odatle!
Molim vas oslobodite je užasa!
Ne, ne, ne gazite je.
Molim vas izvadite je odatle, molim vas!

Posle nekog vremena, međutim, sledi muževljev ulazak. Nakon što su kažnjeni nekoliko puta, on je shvatio da dok je njegova žena patila, on može da predahne, i kada ona izađe iz lonca, njegov je red za ulazak u njega.

Okriviti i kleti jedan drugoga

Bračni drugovi na ovoj zemlji neće biti bračni drugovi na Nebu. Međutim, ovaj bračni par će ostati kao takav u Nižem Grobu, i dobiće kazne zajedno. Ipak, zato što znaju da će biti kažnjavani jedan za drugim, njihov ulazak ima totalno drugačiji tok.

Ne, ne, molim vas ne vadite je odatle.
Neka ostane tamo još malo.
Molim vas ostavite je tamo
da bih ja mogao još malo da se odmorim.

Kazna za huljenje Svetog Duha

Žena želi da njen muž pati konstantno, i muž takođe moli da njegova žena ostane u loncu što je duže moguće. Međutim, gledajući kako jedan pati, ne daje vreme odmora onome drugome. Kratak predah neće i ne može da nadoknadi za večnu agoniju, naročito zato što muž zna da je posle njegove žene, njegov red. Šta više, dok je jedan mučen i vidi i čuje drugog kako moli da mučenje duže traje, onda ovo dvoje preklinju jedan drugoga.

Ovde, mi postajemo jasno svesni ishoda telesne ljubavi. Stvarnost telesne ljubavi – i realnost pakla – je ta da kada jedan pati od neverovatno velike količine mučenja, on ili ona radije želi da drugi bude mučen, umesto njega/nje.

Kao što žena žali što se suprotstavila Bogu „zbog njenog supruga," ona jasno govori mužu: „Zbog tebe sam ja ovde!" Kao odgovor, jakim glasom, muž proklinje i krivi svoju ženu koja ga je podržala i učestvovala u njegovim zlim delima.

Što više zla bračni par učini...

Glasnici pakla u Nižem Grobu su tako radosni i zadovoljni sa ovim što muž i žena proklinju jedno drugo, i što mole glasnike da njihovi supružnici budu kažnjeni još duže i mnogo više.

Gledaj, oni proklinju jedno drugo čak i ovde!
Njihovo zlo nas toliko zadovoljava!

Kao da gledaju interesantan film, glasnici pakla obraćaju veliku pažnju i svaki čas potpaljuju veću vatru da bi se još više zabavljali. Što više muž i žena pate, više proklinju jedno drugo i naravno, smeh glasnika postaje sve glasniji.

Ovde moramo dobro da razumemo jedan deo. Kada ljudi počine zlo čak i u ovom životu, zli duhovi su zadovoljniji i radosniji. U isto vreme, što više zla ljudi čine, time se više udaljavaju od Boga.

Kada se suočite sa teškoćama i činite kompromise sa svetom, kukate, žalite se, i postajete ogorčeni prema pojedinima ili okolnostima, neprijatelj đavo žuri do vas, i radosno povećava vaše teškoće i stradanja.

Mudar čovek koji zna zakon duhovnog sveta nikada neće kukati ili se žaliti, već će umesto toga da se zahvaljuje pod bilo kojim okolnostima i pozitivnog stava će uvek priznavati svoju veru u Boga, kako bi oni mogli da budu sigurni da se njihovo srce uvek fokusira na Njega. Šta više, ako vas napadne veoma zla osoba, kao što nam Poslanica Rimljanima 12:21 kaže: „*Ne daj se zlu nadvladati, nego nadvladaj zlo dobrim,*" vi morate uvek da se suočite sa zlom samo dobrim i sve svoje posvetite Bogu.

Prema tome, kada pratite ono što je dobro i hodate u svetlosti, vi ćete dobiti moć i vlast da prevaziđete uticaj zlih duhova. Onda, neprijatelj Sotona i đavo ne mogu da računaju da ćete biti zli i sve vaše nevolje će brže otići. Bog je zadovoljan kada Njegova deca čine i žive po njihovoj dobroj veri.

Pod nikakvim okolnostima ne treba da podstičete zlo na način kako naš neprijatelj Sotona i đavo želi, već uvek da mislite u istini i imate veru na način koji zadovoljava našega Boga Oca.

Penjanje na vertikalnu liticu

Bilo da ste Božji sluga, starešina, ili radnik u Njegovoj crkvi, vi ste jedan dan bliži da postanete žrtva Sotone ako od greha ne očistite vaše srce već nastavite da grešite. Neki ljudi se okreću od Boga zato što vole ovaj svet. Drugi prestaju da posećuju crkvu nakon što su iskušani. Dok ipak drugi se suprostavljaju Bogu ometajući Njegove crkvene planove i misije, što ih ostavlja bespomoćnim na stazi smrti.

Slučaj kada je cela porodica iznverila Boga

Sledeće je priča o porodici jednog pojedinca koji je nekad verno radio za Božju crkvu. Oni nisu od grehova očistili njihova srca, koja su bila ispunjena ljutitošću i pohlepom. Zato, oni su sa iskazivali svoje osobine drugim članovima crkve i nastavljali da čine grehove. Na kraju, Božja kazna pala je na njih, kako je otac porodice dobio dijagnozu veoma ozbiljne bolesti. Cela porodica je došla zajedno i počela da nudi molitve iskrenim pokajanjem kao i molitve za njegov život.

Bog je primio njihove molitve i izlečio oca. U to vreme, Bog mi je rekao nešto zaista neočekivano: „Ako Ja sada pozovem ovu dušu, on može da dobije u najmanju ruku sramno spasenje. Ako ga ostavim malo duže, on neće dobiti nijednu vrstu spasenja."

Ja nisam razumeo šta je On mislio ali nekoliko meseci kasnije, kako sam bio svedok porodičnog ponašanja, uskoro sam mogao da to razumem. Jedan član porodice bio je odan radnik u mojoj crkvi. On je počeo da osuđuje Božju crkvu i Njegovo kraljevstvo lažnim svedočenjima protiv crkve i vršenjem drugih zlih dela. Na kraju, cela porodica je bila zavedena i svako se okrenuo protiv Boga.

Kada je bivši radnik moje crkve osudio i više puta hulio na Svetog Duha, ostatak porodice je počinio neoprostive grehove, i otac koji je bio oživljen kroz moju molitvu uskoro je ipak umro. Da je otac umro kada je imao bar malu količinu vere, on bi bio spašen. Međutim, on je zaboravio na njegovu veru, ne ostavljajući sebi priliku za spasenje. Šta više, svaki član porodice će takođe pasti u Niži Grob, u koji je otac pao, i tamo će svako u porodici dobiti kaznu. Šta će njihova kazna sadržati?

Penjanje na vertikalnu liticu bez odmora

U području gde je porodica kažnjena, stoji vertikalna litica. Ova litica je tako visoka da njen vrh nije vidljiv od dna. Zastrašujući vrisak ispunjava vazduh. Na pola puta ove krvave litice su tri duše kažnjene, koje iz velike daljine izgledaju kao tri male tačke.

Oni se penju kroz ovu grubu i tešku liticu golih ruku i bosih nogu. Kao kada bi njihove ruke i noge bile trljane sa šmirglom, njihova koža se brzo ljuštila i postajala pohabana. Njihova tela su bila potopljena krvlju. Razlog njihovog čini se nemogućeg penjanja po ovoj litici je da izbegnu glasnika pakla koji leti oko ovog područja.

Kada ovaj glasnik pakla, nakon što vidi da se ove tri duše penju uz liticu posle nekog vremena, podiže njegove ruke, i mali insekti koji izgledaju isto kao glasnik pakla raspršuju se preko cele zemlje kao čestice vode koje izlaze iz spreja. Pokazujući svoje oštre zube i široko otvorenih usta, ovi insekti se penju uz liticu brzo i jure duše.

Zamislite da vidite stotine stonoga, tarantula ili buba švaba, svaka od njih veličine prsta, koje prekrivaju patos kada uđete u kuću. Takođe, zamislite ove užasne insekte kako trče prema vama, svi odjednom.

Sam prizor takvih insekata je dovoljno da vas uplaši. Ako svi ovi insekti pojure odjednom prema vama, to bi mogao da bude najužasniji momenat u vašem životu. Ako ovi insekti počnu da se penju po vašim stopalima i nogama i uskoro preplave vaše telo, kako neko uopšte može da opiše ovakvu užasnu scenu?

U Nižem Grobu, međutim, nemoguće je da se kaže da li je stotine ili hiljade ovakvih insekata. Duše znaju samo da je to neprocenjiv broj ovih insekata, i da su njih troje njihove žrtve.

Brojni insekti jure prema tri duše

Videvši ove insekte na dnu litice, tri duše se penju uz liticu sve brže i brže. Ne zadugo, međutim, tri duše su odmah uhvaćene, preplavljene, i oni padaju na zemlju gde su ostavljeni da bi njihovi delovi tela bili oglodani od strane ovih užasnih insekata.

Dok se ovim dušama telo glođe, bol je toliko velik i neizdrživ da oni vrište kao zveri i bezuspešno okreću i uvijaju i tresu svoje telo napred i nazad. Oni pokušavaju da stresu sami insekte, i to čine gaženjem i guranjem jedni druge, dok se konstantno kaju i proklinju jedan drugoga. U sredini takve agonije, svako od njih odaje veće zlo od onog drugog, i traži samo njegov/njen interes i nastavljaju da proklinju jedan drugog. Glasnici pakla izgleda da uživaju u ovom prizoru više nego u bilo čemu što su do sada videli. Onda, glasnik pakla leti nad ovim područjem širi svoje ruke i sakuplja ove insekte, i u momentu svi oni nestaju. Tri duše sada ne osećaju glođanje ovih insekata, ali oni ne prestaju da se penju uz vertikalnu liticu. Oni su veoma svesni da će leteći glasnik pakla pustiti uskoro ponovo insekte. Svom svojom snagom, oni nastavljaju da se penju uz liticu. U ovom podmuklom miru, tri duše su obuhvaćene strahom koji ih lomi zbog stvari koje predstoje i borbe penjanja uz liticu. Bol od rana koje dobijaju dok se penju ne može biti lako ignorisan. Ipak, zbog toga što je strah od insekata koji će oglođati i iseckati njihova tela je mnogo veći, tri duše se ne obaziru na njihovo telo prekriveno krvlju, i penju se što brže mogu. Koliko je užasan ovaj prizor!

Prženje po ustima usijanim gvožđem

Poslovice 18:21 nam govore da: „*Smrt je i život u vlasti jeziku, i ko ga miluje, ješće plod njegov.*" Isus nam u Jevanđelju po Mateju 12:36-37 govori: „*A ja vam kažem da će za svaku praznu reč koju kažu ljudi dati odgovor u dan strašnog suda. Jer ćeš se svojim rečima opravdati, i svojim ćeš se rečima osuditi.*" Dva stiha govore nam da će Bog držati naše reči odgovornim i suditi nam u skladu sa njima.

Sa jedne strane, oni koji govore dobre reči istine odgajiće dobro voće u skladu sa njihovim rečima. Sa druge strane, oni koji šire zle reči bez vere odgajiće zlo voće u skladu sa zlim rečima izgovorenim kroz njihova zla usta. Mi ponekad možemo da vidimo kako reči izgovorene sa nepažnjom mogu da stvore nezamislivu količinu i veličinu bola i mržnje.

Svaka reč će biti vraćena

Neki vernici, zbog proganjanja svoje porodice, kažu ili se mole: „Ako moja porodica može da se okaje kroz nesreću, onda će to biti vredno toga." Odmah kako neprijatelj Sotona i đavo čuju ove reči, oni tuže osobu Bogu, govoreći mu: „Reči ove osobe trebalo bi da se ispune." Ipak, reči postaju seme a nesreća, od koje ljudi postaju nesposobni i suočavaju se sa dodatnim teškoćama, se stvarno na kraju desi.

Da li ima potrebe da donesete patnju sami sebi sa takvim nepromišljenim i nepotrebnim rečima? Na žalost, kada nesreća zamagli njihove živote, mnogi ljudi se pokolebaju. Drugi čak i ne shvataju da su poteškoće došle zbog samih njihovih reči, a dok drugi se čak i ne sećaju šta su izgovorili da bi uzrokovali takvu nesreću.

Zato, imajući u mislima da svaka reč će biti vraćena na ovaj ili onaj način, mi uvek moramo da se ponašamo na najbolji način i zaustavimo naše jezike. Bez obzira na nameru, ako ono što govorite sve samo ne dobro i lepo, Sotona lako može, i naravno hoće, da vas smatra za odgovornima zbog vaših reči i vi ćete biti izloženi bolnim, i ponekad nepotrebnim nevoljama.

Šta će se desiti nekome koji namerno laže o Božjoj crkvi i Njegovim voljenim slugama, i u vezi sa tim veoma ometa crkvene misije i suprotstavlja se Bogu? On ili ona će brzo biti vođeni pod

Pakao

Sotoninim uticajem i prema kaznama u paklu. U nastavku je samo primer kazni nanetih nad onima koji su ometali Svetog Duha svojim rečima.

Ljudi ometaju Svetog Duha rečima

Postojala je osoba koja je posećivala i služila mojoj crkvi dugo vremena, i imala mnogo različitih pozicija. Ipak, on nije od grehova očistio svoje srce, što je do sada jedna od najvećih stvari koja se zahteva od svih hrišćana. Sa strane, on se činilo da je sa svake strane bio odan radnik koji je voleo Boga, crkvu, i svoje drugove članove crkve.

Među članovima njegove porodice bilo je jedan koji je izlečen od neizlečive bolesti koja bi njega ostavila trajno nesposobnim i drugi koji je bio dignut iz mrtvih sa praga smrti. Pored svega ovoga, njegova porodica je imala mnogo iskustva i blagoslova od Boga, ali on nikada nije hteo da od grehova očisti svoje srce i odbaci zlo.

Tako da, kada je crkva u celosti bila izložena ozbiljnim poteškoćama, njegovi članovi porodice su bili iskušani od Sotone da je izdaju. Ne sećajući se milosti i blagoslova koje je dobio kroz crkvu, on je ostavio crkvu kojoj je dugo služio. Šta više, on je počeo da ometa crkvu i uskoro, kao da je on bio na evangelističkoj misiji, on je lično počeo da posećuje članove crkve i ometa ih u njihovoj veri.

Čak iako je on ostavio crkvu zbog svoje kolebljivosti u veri, on bi možda i imao priliku da dobije Božje sažaljenje na kraju, da je zadržao stvari za sebe u koje nije bio upoznat i pokušao da razazna dobro od lošeg.

Kako bilo, on nije mogo da pobedi svoje zlo i grešio je toliko mnogo svojim jezikom da sada, samo zaslužena strašna kazna čeka njega.

Usta spržena i telo uvijeno

Glasnik pakla je spržio njegova usta vrelim gvožđem zato što se jako suprotstavljao Svetom Duhu rečima koja su izlazila iz njegovih ustiju. Ova kazna je slična sa onom od Pontija Pilata, koji je osudio nevinog Isusa na raspeće sa rečima iz njegovih ustiju, i sada njegov je jezik zauvek sklonjen u Nižem Grobu.

Povrh toga, duša je primorana da uđe u stakleno crevo koje ima čep sa svake strane, gde su smešteni metalni držači. Kada glasnici pakla okrenu ove držače, telo zarobljene duše se uvija. Njegovo telo se uvija i uvija, i kao što je prljava voda istisnuta iz džogera, dušina krv izlazi kroz njegove oči, usta, i ostalih drugih rupa na njegovom telu. Na kraju, sva njegova krv i sok izlivaju se iz njegovih ćelija.

Možete li da zamislite koliko snage je potrebno da se upotrebi da bi se istiskala kapljica krvi uvijanjem vašeg prsta?

Dušina krv i sok su istiskani ne samo iz jednog dela njegovog tela već iz kompletnog tela, od glave do pete. Sve njegove kosi i mišićni sistem su uvrnuti i pokidani i sve njegove ćelije razdvojene na sastavne delove, tako da čak i poslednja kapljica bilo koje tečnosti iz tela može da bude istiskana. Koliko bolno ovo mora da bude?

Na kraju, stakleno crevo je puno krvi i tečnosti iz njegovog tela, tako da izgleda kao flaša crnog vina iz daljine. Nakon što glasnici pakla uvrću i uvrću dušino telo sve dok poslednja kapljica tečnosti nije isceđena, oni ostavljaju telo na miru jedan trenutak da bi se ono oporavilo.

Ipak, čak iako je obnovljeno telo, koju nadu ova duša ima? Od momenta kada je njegovo telo obnovljeno, uvijanje i ceđenje tečnosti iz njegovog tela se ponavlja bez kraja. Drugim rečima, momenti između njegovih mučenja su samo nastavak mučenja.

Zato što je ometao kraljevstvo Božje svojim jezikom, usne ove duše su spržene i kao nagrada za njegovo pomaganje u delima Sotone, svako zrnce tečnosti u njegovom telu je isceđeno.

U duhovnom svetu, čovek žanje ono što je posejao, i šta god da je on uradio biće urađeno njemu. Molim vas imajte ovu činjenicu na umu, i nemojte podlegnuti zlu već samo sa dobrim rečima i delima, živite život koji slavi Boga.

Enormno velike mašine za mučenje

Ova duša je lično iskusila dela Svetog Duha kada je bio izlečen od svoje bolesti i slabosti. Posle toga, on se svim srcem molio da bi od grehova očistio svoje srce. Njegov život je vođen i nadgledan od Svetog Duha i ubirao je plodove, on je dobio nagradu i ljubav crkvenih članova, i postao je sveštenik.

Uhvaćen u sopstvenom ponosu

Kako je dobio slavu i ljubav onih okolo njega, on je postao

neverovatno gord da nije mogao više sebe da gleda ispravno i nesvesno je prestao sa pročišćivanjem svog srca. On je uvek bio ljutit i ljubomoran čovek, i umesto da odbaci sve ove stvari, on je počeo da osuđuje i okrivljuje sve one koji su bili pravedni, i mrzeo je sve koji mu nisu udovoljavali ili se nisu slagali s njim.

Jednom kada je čovek uhvaćen u sopstvenom ponosu i čini zlo, još veće zlo izbivaće iz njega i on više ni neće sebe da zaustavlja niti da želi da obrati pažnju na nečiji savet. Ova duša je nagomilavala zlo nad zlom, bila uhvaćena u Sotoninu zamku, i otvoreno se protivila Bogu.

Spasenje nije potpuno kada dobijemo Svetog Duha. Čak iako smo ispunjeni Svetim Duhom, iskusili milost, i služimo Bogu, vi ste kao maratonac koji je još mnogo daleko od konačnog cilja – pročišćavanja. Bez obzira koliko atletičar dobro trči, ako on ili ona prestanu da trče ili se onesveste, to ne čini ništa dobro trkaču. Mnogi ljudi trče do cilja – Neba. Bez obzira koliko brzo da trčite do određene tačke, bez obzira koliko ste se približili cilju, ako prestanete da trčite, to je kraj trke za vas.

Nemojte uobražavati da stojite čvrsto

Bog nam takođe govori da ako smo „mlaki" mi ćemo biti zaboravljeni (Otkrivenje Jovanovo 3.16). Čak iako ste vi čovek/žena od vere, vi morate uvek da budete ispunjeni Svetim Duhom; održavate strast prema Bogu; i strastveno prisvojite kraljevstvo Neba. Ako se zaustavite u trci na pola puta do cilja, kao ni oni koji ne učestvuju u trci od početka, vi ne možete da budete spašeni.

Pakao

Iz tog razloga, apostol Pavle, koji je bio odan Bogu svim svojim srcem, priznao je da: „*Svaki dan umirem, tako mi, braćo, vaše slave, koju imam u Hristu Isusu Gospodu našem*" (1. Poslanica Korinćanima 15:31) i da „*Nego morim telo svoje i trudim da kako sam drugima propovedajući izbačen ne budem*" (1. Poslanica Korinćanima 9:27).

Čak iako ste u položaju da učite druge, ako ne odbacite vaše zle misli i pobedite vaše telo da bi ga učinili vašim robom na način na koji je to apostol Pavle učinio, Bog će zaboraviti na vas. Zbog toga: „*jer suparnik vaš, đavo, kao lav ričući hodi i traži koga da proždere*" (1. Petrova Poslanica 5:8).

U 1. Poslanici Korinćanima 10:12 čitamo: „Jer koji misli da stoji neka se čuva da ne padne." Duhovni svet je beskonačan i naše postojanje više i više kao Bog takođe ne zna za kraj. Na način na koji seljak sadi seme u proleće, gaji ga tokom leta, i bere njegove plodove u jesen, vi morate stalno da napredujete da učinite vašu dušu usavršenijom i budete pripremljeni za susret sa Gospodom Isusom.

Okretanje i kljucanje glave

Koja vrsta kazne čeka ovu dušu, koja je prestala da preobraća svoje srce zato što je mislio da stoji čvrsto, a ipak je pao dole?

Njega muči mašina nalik glasniku pakla, palom anđelu. Mašina je nekoliko puta veća od glasnika pakla, i duša se naježi od samog pogleda. Na rukama mašine za mučenje su oštri zašiljeni nokti na prstima duži nego što je prosečno ljudsko biće.

Ova velika mašina za mučenje drži dušu za njen vrat sa

desnom rukom a okreće dušinu glavu sa noktima njene leve ruke koji probijaju glavu i kopaju po njenom mozgu. Možete li da zamislite koliko bolno može da bude? Ovaj fizički bol je ogroman; mentalna agonija je mnogo užasnija. Ispred očiju duše je nešto nalik slajd šou koji jasno prikazuje njegove najsrećnije momente u ovom životu: sreću koju je osetio kada je prvi put doživeo Božju milost, radosno slavljenje Njega, vreme kada je žurio da ispuni Isusovu zapovest da „ide i stvori učenike od svih naroda," i tome slično.

Mentalno mučenje i ismevanje

Za dušu, svaka scena je nož u njegovo srce. On je jednom bio sluga svemogućem Bogu i bio je pun nade za stanovanje u prelepom Novom Jerusalimu. Sada, sada je on osuđen na ovo užasno mesto. Ovaj potpuni kontrast cepa njegovo srce u delove. Duša ne može više da izdrži mentalno mučenje i stavlja svoju krvavu i raščupanu glavu i lice u svoje ruke. On moli za milost i kraj mučenjima, ali nema kraja njegovoj agoniji.

Posle nekog vremena, mašina za mučenje spusta dušu na nivo zemlje. Onda ga glasnici pakla, koji su gledali patnju duše, okružuju i ismevaju mu se, govoreći mu: „Kako si mogao da budeš sluga Božji? Ti si postao apostol Sotone, i sada si Sotonovo vlasništvo."

Dok sluša podsmevanje, ječi i vrišti za milost, dva prsta sa desne ruke mašine za mučenje podižu ga za njegov vrat. Ne obazirući se na mrdanje duše, mašina ga podiže do visine svog vrata i bode ga u glavu sa svojim oštrim i šiljatim noktima na svojoj levoj ruci.

Mašina povećava neizdrživo mučenje ponavljajući slajd šou. Ovo mučenje će se nastaviti do Sudnjeg Dana.

Svezan za drveni trupac

Ovo je kazna za bivšeg slugu Božjeg, koji je jednom učio članove njegove crkve i bio je zadužen za mnogo važnih pozicija.

Suprotstavljanje Svetom Duhu

Ova duša je pa svojoj prirodi imala veliku želju za ugledom, materijalnim koristima i moći. On je revnosno izvršavao svoje zadatke ali nije shvatio svoju sopstvenu slabost. U jednom trenutku, on je prestao da se moli, i samim tim je prestao da se trudi da svoje srce očisti od grehova. Nesvesno, svakojake vrste zla su rasle u njemu kao otrovne pečurke, i kada je crkva u kojoj je služio bila suočena sa velikom krizom, on je odmah bio uhvaćen u moći neprijatelja Sotone.

Kada se suprotstavio Svetom Duhu nakon što je bio iskušan od Sotone, njegovi grehovi su postali daleko ozbiljniji zato što je on bio vođa njegove crkve i negativno je uticao na mnoge članove crkve i ometao kraljevstvo Božje.

Predmet i mučenja i ismevanja

Ovaj čovek je dobio kaznu da bude vezan za drveni trupac u Nižem Grobu. Njegova kazna nije tako velika kao kod Jude

Iskariotskog, ali je ipak užasna i nepodnošljiva.

Glasnik pakla pokazuje duši slajd šou koji prikazuje slike najsrećnijih momenata njegovog života, uglavnom vreme kada je bio odan sluga Bogu. Ovo mentalno mučenje ga podseća da je jednom imao srećno vreme i priliku da dobije Božje preobilne blagoslove ali nikada nije očistio svoje srce zbog svoje pohlepe i lažljivosti, i sada ovde dobija ovu užasnu kaznu.

Sa plafona visi mnogo crnog voća, i posle pokazivanja duši slike iz slajd šoua, glasnik pakla pokazuje na plafon i ismeva ga, govoreći mu: „Tvoja pohlepa je odgajila ovo voće!" Onda voće pada jedno po jedno. Svaka voćka je glava svih onih koji su ga pratili u suprotstavljanju Boga. Oni su počinili isti greh sa ovom dušom, i ostatak njihovog tela, posle užasnog mučenja, bilo je isečeno. Samo njihove glave, koje vise na plafonu, ostaju. Ova duša zavezana za drvo je zavela ove ljude na ovom svetu da prate put njegove pohlepe i čine zlo, i zato su oni postali voće njegove pohlepe.

Kada god sluga pakla njega ismeva, ovo ismevanje služi kao znak da ovo voće padne i raspukne se jedno po jedno. Onda se glava iskotrlja iz džaka uz prasak. Drame, istorijski ili akcioni dokumentarci, igre, ili filmovi u kojima je glumčev vrat bio prerezan obično pokazuje mrtvu glumčevu glavu sa raščupanom kosom, krvavim licem, ispličanim usnama i izbečenim očima. Glave koje padaju sa plafona izgledaju vrlo slično glavama u takvim dramama ili filmovima.

Glave koje padaju sa plafona grizu dušu

Kada odvratne glave padnu sa plafona, one se jedna po jedna

zalepe za dušu. One se prvo zalepe za njegove noge i odgrizaju ih.

Druga scena sa slajd šoua prolazi ispred dušinih očiju i glasnik pakla se ponovo njemu podsmeva, govoreći mu: „Gledaj, tvoja pohlepa visi ovako!" Onda, drugi džak pada sa plafona, rastura se, i druga glava se lepi i zlobno odgriza dušine ruke.

Na ovaj način, kada god glasnik pakla ismeva dušu, glava sa plafona pada, jedna po jedna. Ove glave vise oko dušinog tela kao drvo prepuno zrelog voća. Bol od ugriza ovih glava je totalno drugačiji od onog kada ga ujede neka osoba ili životinja na ovom svetu. Otrov od oštrih zuba ovih glava se širi od ujedenih delova do unutrašnjih kostiju, i čine telo ukočenim i tamnim. Ovaj bol je tako veliki da biti ujeden od insekata ili biti rasporen od zveri izgleda manje bolnije.

Duše kojima je samo glava ostala moraju da kao mučenja pate to što su njihova tela odsečena ili odvojena. Koliko će zlobe oni imati protiv ove duše? Čak iako su znali da su se suprotstavili Bogu zbog svoje zlobe, njihova želja da mu vrate za njihov pad pakosna i užasna.

Duša dobro zna da je kažnjen zbog svoje pohlepe. Kako bilo, umesto da se žali ili pokaje od svojih grehova, on je zauzet proklinjanjem glava drugih duša što ujedaju i rasturaju njegovo telo. Kako vreme prolazi i bol raste, duše postaju još zlobnije i slabije.

Vi ne smete počiniti neoprostiv greh

Ja sam dao pet primera kazni zadatih ljudima koji su se

suprotstavili Bogu. Takve duše će dobiti najteže kazne za razliku od drugih zato što su oni, u određenom periodu njihovog života, radili za Boga da bi širili Njegovo kraljevstvo kao vođe u crkvama.

Mi moramo da se ovde prisetimo da su mnoge od ovih duša, koje su pale u Niži Grob i primaju kazne, sve mislile da veruju u Boga, i ispunjavali i revnosno služili Njemu, Njegovim slugama, i Njegovoj crkvi.

Šta više, vi morate da se setite da nikada ne pričate protiv, suprotstavljate se, ili hulite Svetog Duha. Duh pokajanja neće biti dat onima koji se suprotstavljaju Svetom Duhu, naročito ako su osudili Svetog Duha nakon što su oni izjavili njihovu veru u Boga i nakon što su oni lično iskusili dela Svetog Duha. Ipak, oni ne mogu čak ni da se pokaju.

U ranijim danima mog službovanja do danas, nikada nisam kritikovao ni jednu drugu crkvu ili bilo kog drugog Božjeg slugu, i nikada nisam osuđivao njih da su „jeretici." Ako drugi pastori i crkve veruju u Trojedinog Boga, prepoznaju postojanje Neba i Pakla, propovedaju poruku spasenja kroz Isusa Hrista, kako oni mogu biti jeretici?

Štaviše, čisto je suprotstavljanje Svetom Duhu da se osuđuje i etiketira crkva u kojoj sluga kroz koga se Božji autoritet i prisustvo prikazuje i ponovo potvrđuje. Zbog takvog greha, imajte u mislima da tu nema oproštaja.

Ipak, dok istina nije utvrđena, niko ne može da osudi nekoga drugog kao „jeretika." Povrh toga, vi ne smete nikada da počinite greh ometanja i suprotstavljanja Svetom Duhu vašim jezikom.

Ako odustanete od Bogom date dužnosti

Mi nikada ne treba da odustanemo od Bogom datih dužnosti sopstvenom voljom pod nikakvim okolnostima. Isus je nagovestio važnost zadataka kroz alegoriju o talantima (Jevanđelje po Mateju 25). Postojao je čovek koji je pošao na putovanje. On je sazvao svoje sluge i dao na čuvanje svoj posed svakom od njih po svojim sposobnostima. On je dao pet talanta prvom slugi, dva drugom, i jedan poslednjem. Prvi i drugi sluga uložili su svoj novac u posao i svako je dobio duplo više. Međutim, sluga koji je dobio samo jedan dar otišao je, iskopao je rupu u zemlji, i sakrio gospodarev novac. Posle duže vremena, vlasnik se vratio sveo račune sa svakim od njih. Sluge koji su dobili pet i dva dara uz poštovanje su pokazali svoju drugu polovinu. Gazda je hvalio svakog od njih, govoreći: „Dobro urađeno, dobre i odane sluge!" Onda sluga koji je dobio jedan talant bio je ostavljen zato što nije radio sa novcem i nije imao nikakvog interesa od njega, već samo ga je zadržao.

„Talant" u ovoj alegoriji se odnosi na sve Bogom date dužnosti. Vi vidite da Bog odriče od one na ispunjavaju svoje dužnosti. Ipak, tako mnogo ljudi u našoj okolini zaboravlja svoje dužnosti koje su im date od Boga. Vi morate da shvatite da oni koji zaboravljaju dužnosti koje su im namenjene biće sigurno osuđeni Sudnjeg Dana.

Odbacite licemerje i od grehova očistite vaše srce

Isus je takođe naglasio važnost u čišćenju vašeg srca kada je korio učitelje zakona i fariseje kao licemere. Učitelji zakona i Fariseji činilo se da žive odanim životom, ali njihova srca su ispunjena zlom tako da ih je Isus korio, govoreći im da si oni kao izbeljeni spomenici.

„*Teško vama književnici i fariseji, licemeri! Što ste kao okrečeni grobovi, koji se spolja vide lepi a unutra su puni kostiju mrtvačkih i svake nečistote. Tako i vi spolja se pokazujete ljudima pravedni, a iznutra ste puni licemerja i bezakonja*" (Jevanđelje po Mateju 23:27-28).

Iz istog razloga, beskorisno je za vas da stavite šminku ili najmoderniju odeću ako je vaše srce ispunjeno ljubomorom, mržnjom, i arogancijom. Više od svega, Bog želi da mi očistimo naša srca i odbacimo zlo.

Evangelizovanjem, mariti za članovima crkve, i služiti crkvi je sve važno. Ipak, najvažnija stvar je voleti Boga, hodati u svetlu, i postati sve više i više nalik Bogu. Vi treba da budete sveti kao što je Bog sveti i vi treba da budete savršeni kao što je Bog savršen.

Sa jedne strane, ako vaša odanost predstavljena Bogu nije iz vašega srca i potpunom verom, to može uvek da se okrene i zato ne može biti dopadljiva Bogu. Sa druge strane, ako jedan očisti njegovo/njeno srce kako bi postao svet i potpun, srce pojedinca će dostići miris istinskog udovoljavanja Bogu.

Šta više, ma koliko znali o Božjoj reči i naučili ste i znate, najvažnija stvar za vas je da u svojoj glavi odredite da treba da se ponašate i živite u skladu sa reči. Vi uvek treba da imate u

153

Pakao

mislima postojanje užasnog Pakla, pročistite vaše srce, i kada se Gospod Isus vrati, vi ćete biti među prvima koji će Ga zagrliti.

1. Poslanica Korinćanima 2:12-14 nam govori: „A mi ne primismo duha ovog sveta, nego Duha koji je iz Boga, *da znamo šta nam je darovano od Boga, koje i govorimo ne rečima što je naučila čovečija premudrost, nego šta uči Duh Sveti, i duhovne stvari duhovno radimo. A telesni čovek ne razume šta je od Duha Božjeg; jer mu se čini ludost i ne može da razume, jer treba duhovno da se razgleda."*

Bez dela i pomoći Svetog Duha dodeljenog nama od Boga, kako neko u telesnom svetu može da govori o duhovnim stvarima i da ih razume?

Bog Sam je otkrio ovo svedočenje o Paklu i zato, svaki deo o tome je istinit. Kazne u Paklu su tako užasne tako da umesto da iznosim savki detalj, ja sam napisao samo nekoliko slučaja mučenja. Takođe, imajte u mislima da pored mnogo ljudi koji su pali u Niži Grob ima onih koji su jednom bili odani i verni Bogu.

Ako nemate dostojne kvalifikacije, naime, ako prestanete da se molite i prestanete da čistite vaše srce, vi ćete skoro zasigurno biti zavedeni od Sotone i suprotstavićete se Bogu i na kraju ćete biti bačeni u pakao.

Ja se molim u ime Gospoda da ćete vi shvatiti koliko zastrašujuće i užasno mesto je Pakao, borite se da spasite što više ljudi možete, revnosno se molite, marljivo propovedate jevanđelje, i uvek ispitujte sebe kako bi dostigli potpuno spasenje.

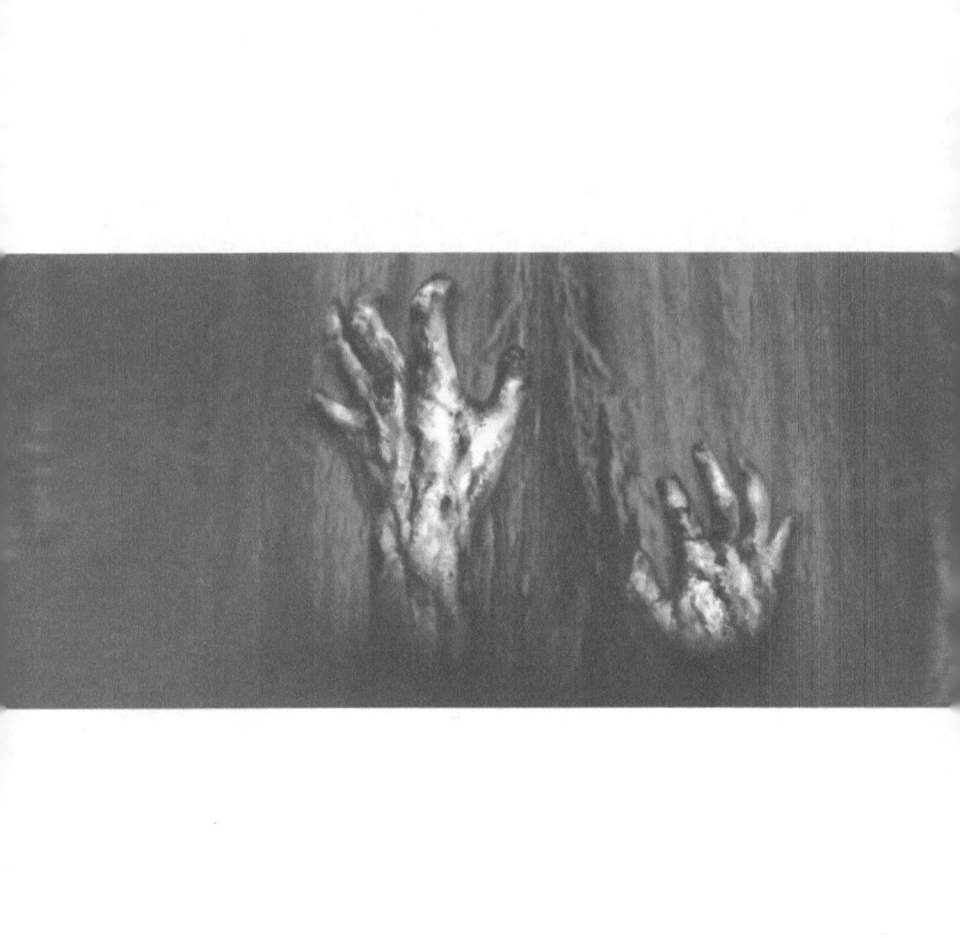

Poglavlje 7

Spasenje tokom Velikog Stradanja

Hristov dolazak i Ushićenje
Sedmogodišnje Veliko Stradanje
Mučeništvo tokom Velikog Stradanja
Hristov Drugi Dolazak i Milenijum
Priprema da budemo Gospodova divna nevesta

„I propovediće se ovo jevanđelje
o carstvu po svemu svetu za svedočanstvo
svim narodima. I tada će doći posledak."
- Jevanđelje po Mateju 24:14 -

„I treći anđeo za njim ide govoreći glasom velikim: Ko se god
pokloni zveri i ikoni njenoj, i primi žig na čelo svoje ili na ruku
svoju, i on će piti od vina gneva Božijeg, koje je nepomešano
utočeno u čašu gneva Njegovog, i biće mučen ognjem i sumporom
pred anđelima svetima i pred Jagnjetom. I dim mučenja njihovog
izlaziće va vek veka; i neće imati mira dan i noć koji se poklanjaju
zveri i ikoni njenoj, i koji primaju žig imena njenog."
- Otkrivenje Jovanovo 14:9-11 -

Spasenje tokom Velikog Stradanja

Kada obratimo posebnu pažnju na tok današnje istorije ili proročanstva u Bibliji, mi shvatamo da je vreme spremno i blizu za dolazak Gospoda. U skorašnjim godinama, bilo je brojnih zemljotresa i poplava čija jačina se dešava samo jednom u hiljadu godina. Povrh toga, učestali visokostepeni šumski požari, uragani i tajfuni ostavili su za sobom put uništenja i neverovatan broj stradalih. u Africi i Aziji mnogi ljudi su patili i umrli od gladi koju je uzrokovala duga suša. Većina je videla i osetila nenormalno vreme izazvano smanjenjem ozonskog omotača, „El Ninjom," „La Ninjom" i mnogim drugim.

Šta više, izgleda da nema kraja ratovima i konfliktima među zemljama, terorističkih napada, i drugih oblika nasilja. Zverstva iznad moralnih principa čoveka postala su svakodnevni događaj i opisana su kroz veliki broj mas medija.

Takav fenomen bio je već prorokovan od Isusa Hrista pre dve hiljade godina, kada je On odgovorio Njegovim učenicima na pitanje: *„Kaži nam kad će to biti? I kakav je znak Tvog dolaska i kraja veka?"* (Jevanđelje po Mateju 24:3)

Zbog toga, koliko su istiniti ovi stihovi danas?

Jer će ustati narod na narod i carstvo na carstvo; i biće gladi i pomori, i zemlja će se tresti po svetu. A to je sve početak stradanja (Jevanđelje po Mateju 24:7-8).

Zbog toga, ako vi imate iskrenu veru, vi bi trebalo da znate da dan Isusovog povratka je veoma blizu i da treba da posmatrate kao pet mudrih devica (Jevanđelje po Mateju 25:1-13). Vi nikada ne treba da budete ostavljeni kao drugih pet devica koje nisu pripremile dovoljno ulja za njihove lampe.

Hristov dolazak i Ushićenje

Pre oko dve hiljade godina, naš Gospod je umro na krstu, ustao ponovo trećeg dana iz mrtvih, i popeo se na Nebo ispred mnogo ljudi. Dela Apostolska 1:11 nam govore da: *"Ovaj Isus koji se od vas uze na nebo tako će doći kao što videste da ide na nebo."*

Isus će se vratiti na oblacima

Isus je otvorio vrata spasenja, otišao je na Nebo, seo je sa desne strane Boga, i priprema mesto za nas. U vreme Božjeg odabira i kada naša mesta na Nebu budu pripremljena, Isus će se vratiti nazad da nas uzme kao što je Isus prorokovao u Jevanđelju po Jovanu 14:3: „I kad otidem i pripravim vam mesto, opet ću doći, i uzeću vas k Sebi da i vi budete gde sam Ja."

Na kakav će prizor Isusov povratak izgledati?

1. Solunjanima Poslanica 4:16-17 opisuje scenu u kojoj će Isus sa Neba doći dole sa mnogobrojnom nebeskom vojskom i anđelima, zajedno sa mrtvima u Hristu.

Spasenje tokom Velikog Stradanja

> Jer će Sam Gospod sa zapovešću, sa glasom
> Arhanđelovim, i s trubom Božjom sići s neba; i mrtvi
> u Hristu vaskrsnuće najpre. A potom mi živi koji
> smo ostali, zajedno s njima bićemo uzeti u oblake
> na susret Gospodu na nebo, i tako ćemo svagda s
> Gospodom biti.

Koliko veličanstveno će biti za Isusa Hrista da se vrati okružen i čuvan mnogobrojnom nebeskom vojskom i anđelima na oblacima! Tada, svi ljudi koji su spašeni verom biće podignuti gore u vazduh i prisustvovaće Sedmogodišnjem svadbenom banketu.

Oni koji su već umrli ali spašeni su u Hristu prvo će vaskrsnuti i dignuti u vazduh, praćeni onima koji su još uvek živi u vreme Isusovog povratka, čija tela će se preobratiti u neuništivo telo.

Ushićenje i Sedmogodišnji svadbeni banket

„Ushićenje" je događaj u kome će vernici biti uzdignuti u vazduh. Gde je, onda, „vazduh" spomenut u 1. Solunjanima Poslanica 4?

Po Efežanima 2:2 koji kažu da: „*u kojima nekad hodiste po veku ovog sveta, po knezu koji vlada u vazduhu, po duhu koji sad radi u sinovima protivljenja,*" ovde se „vazduh" odnosi na mesto gde zli duhovi imaju vlast.

Ali ovo mesto za zle duhove ne znači mesto Sedmogodišnjeg svadbenog banketa. Bog naš Otac pripremio je posebno mesto za

Pakao

Banket. Razlog iz koga Biblija naziva pripremljeno mesto „vazduh" koje je isto ime i za mesto za zle duhove je taj što su ta dva mesta u istom prostoru.

Kada zamagljeno pogledate na nebo, vi ćete možda teško razaznati gde „vazduh," u kome ćemo sresti Isusa i gde će Sedmogodišnji Svadbeni Banket biti održan, zaista jeste. Odgovori na takva pitanja su nađeni u serijalu „Predavanja o Postanku" i dvodelnom serijalu Raj. Molim vas razmotrite ove poruke zato što je od velikog značaja da razumete duhovni svet i verujete u Bibliju kakva jeste.

Možete li da zamislite koliko će srećni biti svi vernici Isusovi, koji su pripremali sebe kao neveste Njegove, kada konačno sretnu svog mladoženju i posete svoj svadbeni banket koji će trajati sedam godina?

„Da se radujemo i veselimo, i da damo slavu Njemu; jer dođe svadba Jagnjetova, i mlada Njegova pripravila se." I dano joj bi da se obuče u svilu čistu i belu; jer je svila pravda svetih. I reče mi: Napiši: „Blago onima koji su pozvani na večeru svadbe Jagnjetove." I reče mi: „Ove su reči istinite Božije" (Otkrivenje Jovanovo 19:7-9).

Sa jedne strane, oni vernici koji su podignuti u vazduh će dobiti nagradu što su prevazišli svet. Sa druge strane, oni koji nisu podignuti će patiti od neizmerivo velike količine bola od zlih duhova koji su isterani iz vazduha na zemlju kada se Isus vratio.

Spasenje tokom Velikog Stradanja

Sedmogodišnje Veliko Stradanje

Dok će vernici koji su spašeni uživati u svadbenoj gozbi u vazduhu sa Isusom Hristom sedam godina, deliti radost sa Njim, i planirati svoju srećnu budućnost, svi oni koji su ostavljeni na zemlji suočiće se sa stradanjem neizmerne veličine sedam godina, neopisive i užasne kazne će zahvatiti ljudstvo.

Treći svetski rat i znak zveri

Tokom nuklearnog rata koji će zahvatiti ceo svet, Treći svetski rat, jedna trećina svih drveće na zemlji će izgoreti i jedna trećina čovečanstva će nestati. Tokom istog rata, biće teško naći vazduh koji može da se diše i čistu vodu zbog ogromnog zagađenja, i cene hrane i nužnih stvari će vrtoglavo porasti.

Znak zveri „666" će se pojaviti i svako će biti predmet da ga dobije na njegovoj/njenoj desnoj ruci ili na čelu. Ako neko odbije da primi znak, njegov/njen identitet neće biti garantovan, i on/ona neće biti u mogućnosti da napravi ni jednu vrstu trgovine i ni da kupi čak ni nužne stvari.

I učini sve, male i velike, bogate i siromašne, slobodnjake i robove, te im dade žig na desnoj ruci njihovoj ili na čelima njihovim, da niko ne može ni kupiti ni prodati, osim ko ima žig, ili ime zveri, ili broj imena njenog. Ovde je mudrost. Ko ima um neka izračuna broj zveri: jer je broj čovekov i broj njen šest stotina i šezdeset i šest (Otkrivenje Jovanovo

13:16-18).

Među onima ostavljenim nakon Gospodovog dolaska i Ushićenja ima ljudi koji su čuli jevanđelje ili posećivali crkvu, i sada se sećaju reči Boga.

Postoje oni koji su promišljeno odbacili svoju veru, i drugih koji su mislili da su verovali u Boga ali su opet ostavljeni. Da su ovi verovali u Bibliju svim srcem, oni bi vodili dobar život u Hristu.

Umesto toga, oni su uvek bili ravnodušni i govorili sebi: „Ja ću naći da li ili ne Nebo i Pakao postoje samo kada umrem," i ipak nisu imali vrstu vere koja je potrebna za spasenje.

Kazna za ljude koji su primili znak zveri

Takvi ljudi shvataju da je svaka reč u Bibliji istina samo nakon što vide Ushićenje. Oni gorko žale i plaču. Obuzeti u velikim strahom, oni se kaju što nisu živeli po Božjoj volji i očajnički traže put ka spasenju. Šta više, pošto oni znaju da će ih dobijanje znaka zveri samo odvesti u Pakao, oni čine sve kako bi izbegli njegovo dobijanje. Čak i na ovaj način, oni će pokušati da dokažu svoju veru.

I treći anđeo za njim ide govoreći glasom velikim: „Ko se god pokloni zveri i ikoni njenoj, i primi žig na čelo svoje ili na ruku svoju, i on će piti od vina gneva Božijeg, koje je nepomešano utočeno u čašu gneva Njegovog, i biće mučen ognjem i sumporom pred

Spasenje tokom Velikog Stradanja

anđelima svetima i pred Jagnjetom. I dim mučenja njihovog izlaziće va vek veka; i neće imati mira dan i noć koji se poklanjaju zveri i ikoni njenoj, i koji primaju žig imena njenog." Ovde je trpljenje svetih, koji drže zapovesti Božje i veru Isusovu (Otkrivenje Jovanovo 14:9-12).

Međutim, nija lako odbiti znak zveri naročito u svetu u kome su zli duhovi kompletno sve preuzeli. U isto vreme, zli duhovi takođe znaju da će ovi ljudi dobiti spasenje samo ako odbiju znak 666 i umru mučeničkom smrću. Tako, zli duhovi neće i ne mogu lako da odustanu.

Tokom dana rane hrišćanske crkve pre dve hiljade godina, mnoge državne vlasti osuđivali su hrišćanine na raspeće, odrubljivanje glava, ili bacanjem lavovima. Ako su neki osuđeni ili ubijeni na ovaj način, mnogobrojni ljudi će dobiti brzu smrt tokom Sedmogodišnjeg velikog stradanja. Međutim, zli duhovi tokom ovog Sedmogodišnjeg perioda neće nimalo učiniti lako ništa onim ljudima koja su ostavljeni nazad. Zli duhovi će prisiljavati ljude da se odreknu Isusa na bilo kako tako što će upotrebiti sve raspoloživo što imaju protiv ljudi. Ovo ne znači da ljudi mogu da počine samoubistvo da bi izbegli mučenje, zato što samoubistvo samo vodi do pakla.

Oni koji će postati mučenici

Ja sam već spomenuo neke od okrutnih metoda mučenja koje su koristile zli duhovi. Za vreme Velikog stradanja, biće slobodno korišćene metode mučenja van zamisli. Šta više, zato što je mučenje skoro nemoguće izdržati, samo malo broj ljudi ustvari dobija spasenje tokom ovog perioda.

Međutim, svi mi moramo da budemo duhovno budni svo vreme i imamo vrstu vere koja će nas podignuti u vazduh za vreme Hristovog Dolaska.

Dok sam se molio, Bog mi je pokazao viziju u kojoj ljudi koji su ostavljeni posle Ushićenja dobijaju razne vrste mučenja. Video sam da većina ljudi nije mogla da izdrži to i na kraju su podlegli zlim dušama.

Mučenja su bila u rasponu od dranja kože, do lomljenja i smrvljivanja njihovih zglobova, pa do sečenja njihovih prstiju na rukama i nogama i polivanje ključalog ulja na njima. Neki ljudi koji su mogli da izdrže svoje sopstveno mučenje nisu mogli da stoje i gledaju svoje stare roditelje ili malu decu koja pate i oni su, takođe, označeni znakom 666.

Ipak, postoji mali broj pravednih ljudi koji su prevazišli sva iskušenja i mučenja. Ovi ljudi dobiće spasenje. Čak iako je to sramno spasenje i oni ulaze u Raj koji pripada Nebu, oni su samo zahvalni i milo im je zato što nisu pali u Pakao.

Zbog toga smo mi u obavezi da širimo ovu poruku o Paklu po celom svetu. Čak iako se čini da ljudi sada ne obraćaju pažnju na to, ako se sete toga tokom Velikog stradanja, to će utrti njihov put ka spasenju.

Neki ljudi kažu da će umreti mučeničkom smrću da bi dobili spasenje ako se Ushićenje zaista desi i oni budu ostavljeni.

Međutim, ako ne budu imali veru u ovo vreme mira, kako će se oni zaista odbraniti svojom verom u sred tako brutalnog mučenja?

Mi čak ne možemo ni da predskažemo šta će nam se dogoditi u narednih deset minuta. Ako oni umru pre nego što dobiju mogućnost da umru mučeničkom smrću, njih čeka samo Pakao.

Mučeništvo tokom Velikog Stradanja

Da bih vam pomogao da mnogo lakše shvatite mučenje tokom Velikog stradanja i dozvolim vam da ostanete duhovno budni kako bi mogli da ga izbegnete, dozvolite mi da objasnim sledeće na primeru jedne duše.

Od kako je žena dobila preobilnu milost od Boga, ona je mogla da vidi i čuje velike, uzvišene, i čak i skrivene stvari o Bogu. Ipak, njeno srce je bilo ispunjeno zlom, i ona je imala malo vere.

Sa takvim darovima od Boga, ona je vršila veoma važna zaduženja, imala je presudnu ulogu u širenju kraljevstva Božjeg, i često udovoljavala Bogu njenim delima. Veoma je lako za ljude da pretpostave: „Ovi ljudi sa važnim zaduženjima u crkvi moraju da budu čovek ili žena sa velikom verom!"

Ipak, ovo često nije istina. Iz Božjeg perspektive, ima mnogo vernika čija je vera u stvari sve osim „velika." Bog meri ne telesnu veru, već duhovnu veru.

Bog želi duhovnu veru

Hajde da ukratko razmotrimo „duhovnu veru" kroz slučaj oslobađanja Izraelaca iz Egipta. Izraelci su bili svedoci i iskusili su Božjih Deset pošasti. Oni su videli kada se Crveno more podelilo na pola i kada se Faraon sa svojom vojskom u njemu udavio. Oni su iskusili Božje vođstvo kroz red oblaka danju i red vatre noću. Svakodnevno su jeli manu sa Neba, čuli glas Boga koji sedi na oblaku, i videli Njegova vatrena dela. Oni su pili vodu iz kamena kada ga je Mojsije polomio, i videli da se gorka voda Maraha pretvorila u slatku. Čak iako su oni bili svedoci učestalim delima i znakovima živog Boga, njihova vera nije bila ni dopadljiva ni prihvatljiva za Boga. Ipak, oni nisu mogli na kraju da uđu u obećanu zemlju Hanan (Brojevi 20:12).

Sa jedne strane, vera nekoga bez dela, bez obzira koliko on poznaje Božju reč i bio svedok i čuo za Božja dela i čuda, nije prava vera. Sa druge strane, ako posedujemo duhovnu veru, mi nećemo da prestanemo da učimo o Božjoj reči; mi ćemo postati pokorni reči, preobratićemo naša srca, i izbegnućemo svaku vrstu zla. Bilo da imamo „veliku" ili „malu," vera je utvrđena do toga da smo se mi povinovali Božjoj reči, ponašamo se i živimo po njoj i ličimo na srce Boga.

Ponovljeno nepokoravanje u aroganciji

Iz ovog aspekta, žena je imala malo vere. Ona je neko vreme pokušala da od grehova očisti svoje srce ali nije mogla da potpuno odbaci zlo. Pored toga, zato što je bila u poziciji da propoveda reč Boga, ona je postala sve arogantnija.

Žena je mislila da ima iskrenu i veliku veru. Ona je otišla toliko daleko da je mislila da Božja volja ne može biti ispunjena ako ona to ne iznese i bez njenog prisustva ili pomoći. I još više, umesto da daje slavu Bogu za njene Bogom date obdarenosti, ona je želela da

Spasenje tokom Velikog Stradanja

to iskoristi za sebe. Šta više, ona je uzimala Božje vlasništvo u njenu korist kako bu zadovoljila svoju grešnu prirodu.

Ona je još više počela da postaje neposlušna. Čak iako je znala da je to Božja volja da se uputi na istok, ona je išla na zapad. Kao što je Bog napustio Saula prvog kralja Izraela zbog njegove neposlušnosti (1. Samuelova 15:22-23), čak i ako su ljudi jednom bili korišćeni kao Božji alat da bi se ispunilo i širilo Božje kraljevstvo, ponovljeno nepokoravanje će samo podstaknuti Boga da okrene Njegovo lice od njih.

Zato što je žena znala reč, ona je bila svesna njenih grehova i mnogo puta se pokajala. Međutim, njena molitva pokajanja je bila samo iz njenih usta, a ne iz njenog srca. Ona je završila tako što je činila još više grehova, i na taj način je samo povećavala zid greha između Boga i nje.

2. Petrova Poslanica 2:22 nam govori: „*Jer im se dogodi istinita pripovest: „Pas se povrati na svoju bljuvotinu,"* i: *„Svinja okupavši se, u kaljužu."*" Nakon pokajanja u njenim grehovima, ona je počinila isti greh svaki put.

Na kraju, pošto je bila uhvaćena u sopstvenoj aroganciji, pohlepi, i brojnim grehovima, Bog je okrenuo Njegovo lice od nje i ona je konačno postala sredstvo Sotonovim u osuđivanju Boga.

Kada je data poslednja prilika za pokajanje

Uopšteno, onima koji pričaju protiv, optužuju, ili hule Svetog Duha ne može biti oprošteno. Nikada više oni neće dobiti priliku da se pokaju, i oni će završiti u Nižem Grobu.

Ipak, ima nešto što se razlikuje u ovoj ženi. Uprkos svim

grehovima koji su uznemirili Boga ponovo i ponovo, On joj je ostavio poslednju šansu da se pokaje. Ovo je zato što je žena jednom bila veoma vredno sredstvo za Njegovo kraljevstvo. Čak iako je žena odbacila svoju dužnost i obećanu slavu i nagrade Neba, zato što je pre veoma udovoljavala Bogu, On joj je dao jednu, poslednju šansu.

Ona se i dalje protivila Bogu, i Sveti Duh u njoj je nestao. Ipak, kroz Božju posebnu milost, žena je imala jednu poslednju šansu da se pokaje i primi spasenje tokom Velikog stradanja kroz mučeništvo.

Njene misli su još uvek bile pod Sotoninom kontrolom ali posle Ushićenja, ona će doći sebi. Zato što je tako dobro znala reč Božju, ona je isto tako bila veoma svesna predstojećeg puta. Nakon što je saznala da jedini put da se dobije spasenje je mučeništvo, ona će se iskreno pokajati, okupiti ostale ostavljene hrišćane, i moliće se sa njima dok se priprema za njeno mučeništvo.

Mučenička smrt i sramno spasenje

Kada vreme dođe, ona će odbiti da primi znak 666 a zatim će biti odvedena da bude mučena od onih koje kontroliše Sotona. Oni će odrati njenu kožu sloj po sloj. Oni će čak i goreti najmekše i najintimnije delove njenog tela vatrom. Oni će osmisliti metodu za njeno mučenje koja bi bila najbolnija i trajala najduže. Uskoro je soba bila ispunjena mirisom izgorelog mesa. Njeno telo je umazano krvlju od glave do pete, i njeno lice je pognute, i njeno lice počinje da crni plavi, ličeći na leš.

Spasenje tokom Velikog Stradanja

Ako može da izdrži ovo mučenje do kraja, uprkos mnogim njenim grehovima iz prošlosti, ona će dobiti makar sramno spasenje i ući će u Raj. U Raju, predgrađu Neba i najdaljem mestu od Božjeg prestola, žena će žaliti i prolivaće suze zbog svojih dela na ovoj zemlji. Naravno, ona će biti zahvalna i radosna što je bila spašena. Ipak, u vremenu koje dolazi ona će žaliti i žuditi za Novi Jerusalim, govoreći: „Samo da sam odbacila zlo i iznela Božje zadatke svim srcem, bila bi sada na najdivnijem mestu u Novog Jerusalimu..." Kada ona vidi ljude koje je znala na ovoj zemlji a žive u Novom Jerusalimu ona će se uvek osećati posramljeno i postiđeno.

Ako ona dobije znak 666

Ako ne izdrži mučenje i dobije znak zveri, pre Milenijuma, ona će biti bačena u Niži Grob i kažnjena raspećem na krst sa desne strane Jude Iskariotskog. Njena kazna u Nižem Grobu je ponavljanje mučenja koje je dobila tokom Velikog Stradanja. Preko hiljadu godina, koža sa njenog tela će biti drana i pržena konstantno sa vatrom.

Glasnici pakla i svi oni koji su učinili zlo time što su je pratili će mučiti ženu. Oni su takođe kažnjeni u skladu sa svojim zlim delima i oni će na njoj iskaljivati svoj gnev.

Oni su kažnjeni na ovaj način u Nižem Grobu sve do kraja Milenijuma. Posle Suda, one duše će otići u pakao izgoreni vatrom i sumporom, gde ih samo još više mučenja očekuje.

Pakao

Hristov Drugi Dolazak i Milenijum

Kao što smo već napomenuli, Isus Hrist se vraća u vazduhu i oni koji su uhvaćeni gore će uživati u Sedmogodišnjem svadbenom banketu sa Njim, dok Veliko stradanje dolazi vođeno zlim duhovima koji su izbačeni iz vazduha. Onda, Isus Hrist se vraća na zemlju i Milenijum počinje. Zli duhovi su zarobljeni u Ambisu tokom ovog vremena. Oni koji prisustvuju Sedmogodišnjem svadbenom banketu i oni koji su umrli mučeničkom smrću tokom velikog Stradanja vladaju nad zemljom i dele ljubav sa Isusom Hristom hiljadu godina.

Blažen je i svet onaj koji ima deo u prvom vaskrsenju; nad njima druga smrt nema oblasti, nego će biti sveštenici Bogu i Hristu, i carovaće s Njim hiljadu godina (Otkrivenje Jovanovo 20:6).

Mali broj telesnih ljudi koji su preživeli veliko Stradanje će takođe živeti na zemlji za vreme Milenijuma. Međutim, oni koji su već umrli bez da su dobili spasenje će nastaviti da budu kažnjavani u Nižem Grobu.

Milenijumsko kraljevstvo

Kada Milenijum dođe, ljudi će uživati u mirnom životu kao u danima Vrta Edemskog, zato što tamo nema zlih duhova. Isus Hrist i spašeni, duhovni ljudi žive u gradu koji liči na dvorac kraljeva odvojeni od telesnih ljudi. Duhovni ljudi u gradu i

Spasenje tokom Velikog Stradanja

telesni ljudi koji su preživeli Veliko Stradanje žive van grada. Pre Milenijuma, Isus Hrist pročišćava zemlju. On osvežava zagađeni vazduh, obnavlja drveće, biljke, planine, i reke. On stvara prelep ambijent.

Telesni ljudi se muče da da rode što je više i češće moguće zato što ih je samo nekoliko ostalo. Čist vazduh i odsustvo zlih duhova ne ostavlja mesta za bolesti i zlo. Nepravednost i zlo u srcu telesnih ljudi nije oživljeno za vreme ovog perioda zato što su u Ambis zarobljeni zli duhovi koji šire zlo.

Kao u prvim Nojevim danima, ljudi će živeti po stotine godina. Zemlja će uskoro biti ispunjena mnogobrojnim ljudima za hiljadu godina. Ljudi ne jedu meso već voće zato što tamo neće biti uništenja života.

Šta više, trebaće mnogo vremena da se dostigne današnji nivo naučnog napredovanja zato što će većina civilizacije biti uništena u ratovima za vreme Velikog stradanja. Kako vreme prolazi, nivo njihove civilizacije može dostići današnji kako budu uvećavali svoju mudrost i znanje.

Duhovni ljudi i telesni ljudi žive zajedno

Nije potrebno da duhovni ljudi koji žive sa Isusom Hristom na zemlji jedu na način na koji telesni rade, zato što su tela te grupe već preobraćena u vaskrsla, duhovna tela. Oni obično konzumiraju mirise cveća i slično, ali ako žele, oni mogu da uzmu istu hranu kao i telesni ljudi. Međutim, duhovni ljudi ne uživaju u fizičkoj hrani i čak iako je jedu, oni ne osećaju ukus kao što telesni ljudi mogu. Kao što je vaskrsli Isus udahnuo kada je

On stavio parče ribe, hrana koju duhovni ljudi koriste se disanjem rastvara u vazduh. Duhovni ljudi takođe propovedaju i svedoče telesnim ljudima o Isusu Hristu, tako da na kraju Milenijuma kada zli duhovi budu na kratko pušteni iz Ambisa, telesni ljudi ne budu zavedeni. Vreme je pre Suda, tako da Bog nije trajno zarobio zle duhove u Ambisu već samo na hiljadu godina (Otkrivenje Jovanovo 20:3).

Na kraju Milenijuma

Kada se Milenijum završi, zli duhovi koji su bili uhvaćeni u Ambisu hiljadu godina jna kratko su pušteni. Oni počinju da iskušavaju i zavode telesne ljude koji su živeli mirno. Većina telesnih ljudi je iskušana i zavedena bez obzira koliko su ih duhovni ljudi naučili protiv toga. Čak iako su ih duhovni ljudi upozorili do detalja o stvarima koje će doći, telesni ljudi su i pored toga zavedeni i planiraju da se suprotstave i krenu u rat protiv duhovnih ljudi.

I kad se svrši hiljadu godina, pustiće se sotona iz tamnice svoje,i izići će da vara narode po sva četiri kraja zemlje, Goga i Magoga, da ih skupi na boj, kojih je broj kao pesak morski. I iziđoše na širinu zemlje, i opkoliše logor svetih, i grad ljubazni; i siđe oganj od Boga s neba, i pojede ih (Otkrivenje Jovanovo 20:7-9).

Spasenje tokom Velikog Stradanja

Međutim, Bog će uništiti vatrom telesne ljude koji su izazvali rat, i baciće zle duhove koji su na kratko bile pušteni nazad u ambis posle Suda Velikog belog prestola.

Na kraju, telesnim ljudima koji su brojčano narasli tokom Milenijuma će takođe biti suđeno u skladnu sa Božjom pravdom. Sa jedne strane, svi ljudi koji nisu dobili spasenje, među kojima su i oni koji su preživeli Sedmogodišnje veliko stradanje, bačeni su u Pakao. Sa druge strane, oni koji su primili spasenje će ući u Nebo i, u skladu sa njihovom verom, će se smestiti na različitim mestima na Nebu, to jest u Novi Jerusalim, Raj i tako dalje.

Posle Suda Velikog belog prestola, duhovni svet je podeljen na Nebo i Pakao. O ovome, ja ću više pojasniti u sledećem poglavlju.

Priprema da budemo Gospodova divna nevesta

Da bi izbegli da budete ostavljeni u Velikom stradanju, vi treba da sebe pripremite kao prelepu mladu Isusa Hrista i dočekate Njega u Njegovom Dolasku.

Jevanđelje po Mateju 25:1-13 je parabola o deset devica, koje služe kao dobra lekcija za sve vernike. Čak iako možda priznajete vašu veru u Boga, vi nećete moći da dočekate vašeg mladoženju Isusa Hrista ako nemate dovoljni ulja pripremljenog za vašu lampu. Pet devica je spremilo svoje ulje kako bi dočekali svog mladoženju i ušle na svadbeni banket. Drugih pet nisu pripremili ulje i ne mogu da uživaju u banketu.

175

Kako, onda, možemo da pripremimo sebe kao pet mudrih devica, kao mlade Gospodove, i izbegnemo pad u Veliko stradanje i umesto toga da učestvujemo na Svadbenom banketu?

Revnosno se molite i budite oprezni

Čak iako ste vi novi vernik i imate slabu veru, sve dok činite ono najbolje da od grehova očistite vaše srce, Bog će vas čuvati bezbednim čak i u jeku vatrenih iskušenja. Bez obzira koliko teške okolnosti da jesu, Bog će vas pokriti ćebetom života i pomoći će vam da prevaziđete sa lakoćom sve vaše teškoće.

Ipak, Bog ne može da zaštiti čak ni one koji su možda i bili vernici dugo vremena, izvodili Božje dužnosti i znali veliki deo reči Božje, ako su prestali sa molitvama, prestali da se dive čistoti, i prestali da od greha čiste svoje srce.

Kada se sretnete sa teškoćama, vi morate da uspete da razlikujete glas svetog Duha da bi ih prevazišli. Ipak, ako se ne molite, kako ćete slušati glas svetog Duha i voditi pobednički život? Kako niste ispunjeni potpuno svetim Duhom, još više ćete se oslanjati na sopstvene misli i grešiti s vremena na vreme, zavedeni Sotonom.

Šta više, kako se sada približavamo kraju vremena, zli duhovi će da vrebaju naokolo kao ričući lavovi u potrazi za nečim da požderu zato što znaju da je njihov kraj takođe blizu. Mi često vidimo lenjog studenta koji uči i ostaje bez njegovog/njenog sna u danima pred ispite. Slično, ako ste vernik, koji je svestan da živimo u danima koji nas vode do kraja vremena, vi morate da budete pažljivi i pripremite sebe kao prelepu mladu za Gospoda.

Odbaciti zlo i ličiti na Gospoda

Koja vrsta ljudi drži sebe na oprezu? Oni se uvek mole, uvek su ispunjeni Svetim Duhom, veruju u reč Boga, i žive po Njegovoj reči.

Kada ste sve vreme oprezni, vi ćete stalno pričati sa Bogom tako da ne možete biti zavedeni od strane zlih duhova. Povrh toga, vi ćete lako prevazići svako iskušenje zato što Sveti Duh vam stavlja do znanja stvari koje će doći, vodi vaš put, i dozvoljava vam da shvatite reč istine.

Ipak, oni koji nisu oprezni ne mogu da čuju glas svetog Duha i lako su zavedeni od Sotone, i idu na putu smrti. Biti na oprezu znači od greha očistiti svoje srce, ponašati se i živeti po reči Božjoj, i postati posvećen.

Otkrivenje Jovanovo 22:14 nam govori: „*Blago onima koji peru svoje haljine, da imaju pravo na drvo života, i da uđu na vrata u grad.*" U ovom odeljku, „haljine" se odnose na obične haljine. Duhovno, „haljine" se odnose na vaše srce i vaše držanje.

„Oprati vaše haljine" simbolizuje odbacivanje zla i praćenje Božje reči da postanete duhovni i postanete sve više i više kao Isus Hrist. Oni koji su posvećeni na ovaj način stiču pravo da uđu na kapije Neba i uživaju u večnom životu.

Ljudi koji peru svoje haljine u veri

Kako možemo potpuno da operemo naše haljine? Vi morate prvo da preobratite vaše srce sa rečju istine i revnosnim molitvama. Drugim rečima, vi morate da odbacite svako zlo iz vašeg srca i ispunite ga samo sa istinom. Baš kao što vi perete prljavštinu sa vaše odeće u čistoj vodi, vi treba da operete vaše prljave grehove, bezakonje i zlo u vašem srcu sa rečju Božjom, vodom života, i stavite odeću istine i ličite na srce Isusa Hrista. Bog će blagosloviti svakoga koji je pokazao veru u delima i očistio njegovo/njeno srce.

Otkrivenje Jovanovo 3:5, nam govori: „*Koji pobedi on će se obući u haljine bele, i Ja neću izbrisati ime njegovo iz knjige života, i priznaću ime njegovo pred Ocem Svojim i pred anđelima Njegovim.*" Ljudi koji su prevazišli svet sa verom i hodaju u istini će uživati u večnom životu zato što poseduju srce istine i ni jedno zlo ne može biti pronađeno u njima.

Umesto toga, ljudi koji borave u tami nemaju ništa zajedničko sa Bogom bez obzira koliko dugo su bili hrišćani, zato što će oni zasigurno imati ime da su živi, ali su mrtvi (Otkrivenje Jovanovo 3:1). Zato, uvek stavite vašu nadu samo u Boga koji ne osuđuje nas našom pojavom već samo ispituje naša srca i dela. Takođe, uvek se molite i povinujte se reči Božjoj kako bi mogli da dostignete savršeno spasenje.

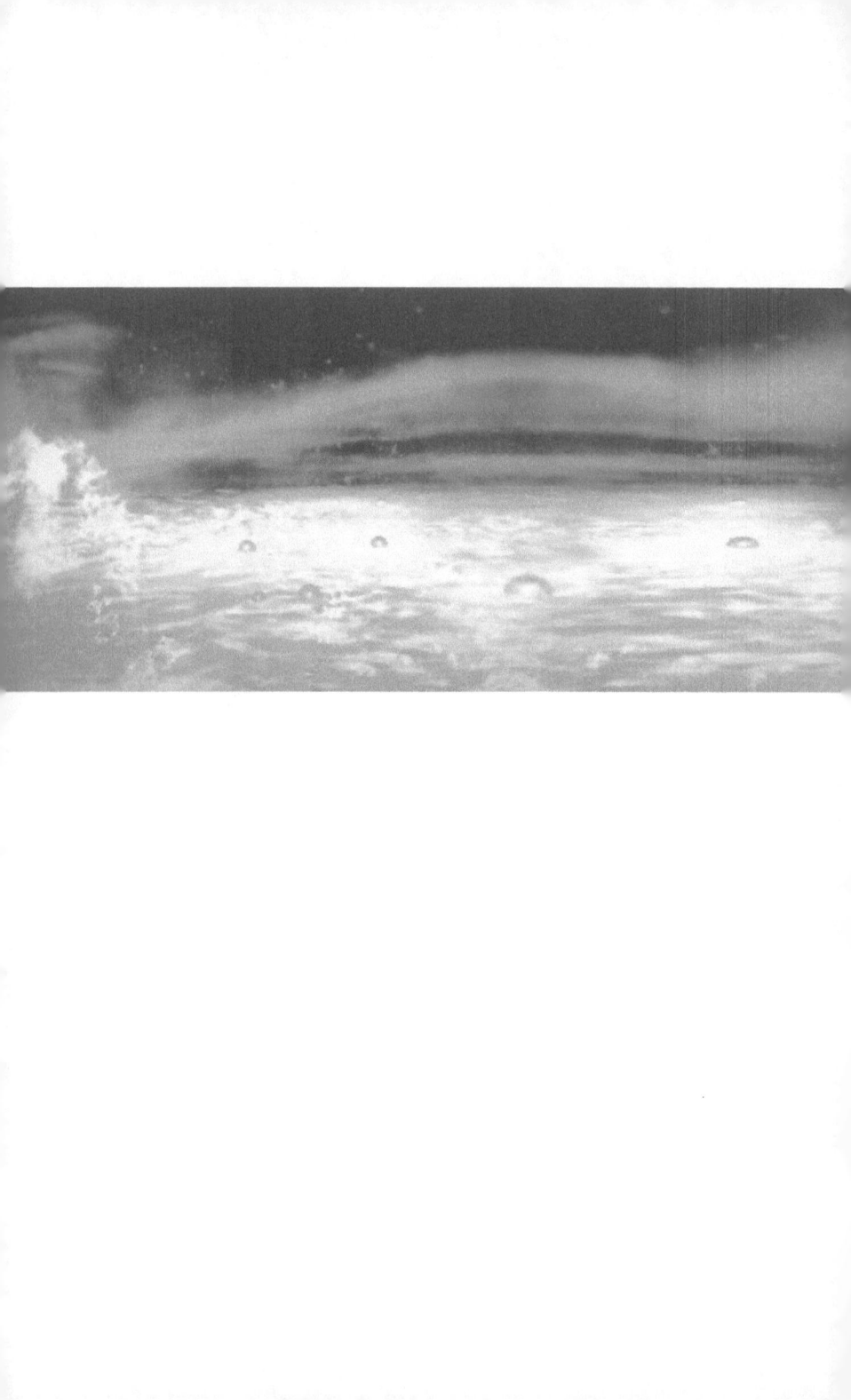

Poglavlje 8

Kazne u Paklu nakon Strašnog Suda

Nespašene duše padaju u Pakao nakon Suda

Ognjeno jezero i jezero gorućeg sumpora

Neki ostaju u Nižem Grobu čak i posle Suda

Zli duhovi će biti zatvoreni u Ambisu

Gde će demoni završiti?

„[U paklu] gde crv njihov ne umire,
i oganj se ne gasi. Jer će se svaki ognjem posoliti."
- Jevanđelje po Marku 9:48-49 -

„I đavo koji ih varaše bi bačen u jezero ognjeno i sumporito,
gde je i zver i lažni prorok;
i biće mučeni dan i noć va vek veka."
- Otkrivenje Jovanovo 20:10 -

Kazne u Paklu nakon Strašnog Suda

Sa Hristovim Dolaskom Milenijum počinje na ovoj zemlji i posle toga sledi Sud Velikog belog prestola. Sud, koji će se utvrditi Nebo ili Pakao i nagrade ili kazne, će suditi svakome u skladu sa onim što je on/ona uradio u ovom životu. Ipak, neki će uživati u večnoj radosti na Nebu a drugi će biti kažnjeni zauvek u Paklu. Dozvolite nam da vas uvedemo u Sud Velikog belog prestola, kroz kojeg je Nebo ili Pakao određeno, i koja vrsta mesta je Pakao.

Nespašene duše padaju u Pakao nakon Suda

U Julu 1982., godine, kada sam se ja molio za pripremanje mog službovanja, saznao sam o Sudu Velikog belog prestola do detalja. Bog mi je pokazao prizor u kome je On sedeo na Njegovom prestolu, Gospoda Isusa Hrista i Mojsija koji su stajali ispred prestola, i one koji su imali ulogu porote. Čak iako Bog sudi fer i pravedno neuporedivo sa nijednim sudijom na ovom svetu, On će donositi odluke sa Isusom Hristom kao zastupnikom ljubavi, Mojsijem kao izvršiocem Zakona, i ljudima kao porota.

Kazne u Paklu su određene na Sudu

Otkrivenje Jovanovo 20:11-15, nam govori kako Bog sudi tačno i pravedno. Presuda je izveden sa Knjigom života u kojima su imena spašenih zapisana i knjigama u kojima su sva dela

Pakao

ljudska zapisana.

I videh veliki beo presto, i Onog što seđaše na njemu, od čijeg lica bežaše nebo i zemlja, i mesta im se ne nađe. I videh mrtvace male i velike gde stoje pred Bogom, i knjige se otvoriše; i druga se knjiga otvori, koja je knjiga života; i sud primiše mrtvaci kao što je napisano u knjigama, po delima svojim. I more dade svoje mrtvace, i smrt i Had dadoše svoje mrtvace koji bejahu u njima; i sud primiše po delima svojim. I smrt i Had bačeni biše u jezero ognjeno. I ovo je druga smrt, jezero ognjeno. I ko se ne nađe napisan u knjizi života, bačen bi u jezero ognjeno.

„Mrtvaci" se ovde odnose na sve one koji nisu prihvatili Isusa Hrista kao svog Spasitelja ili imaju mrtvu veru. Kada vreme Božjeg odabira dođe, „mrtvaci" će vaskrsnuti i stajaće ispred prestola Božjeg da bi im bilo suđeno. Knjiga života je otvorena ispred prestola Božjeg.

Pored Knjige života, u kojoj su zapisana imena svih spašenih ljudi, ima drugih knjiga u kojima je svako delo mrtvaka zapisano. Anđeli zapisuju sve što mi uradimo, kažemo, mislimo i tako dalje, proklinjemo druge, udaramo druge, besnimo, činimo dobro, i tako dalje. Baš kao što vi jasno beležite određene događaje i dijaloge duže vreme video kamerom ili snimate rekorderima raznih vrsta, Svemogući Bog takođe beleži svaku scenu u nečijem životu na zemlji.

Ipak, Bog će suditi u pravdi Sudnjeg Dana u skladu sa

zapisima iz ovih knjiga. Oni koji nisu bili spašeni biće im suđeno u skladu sa njihovim zlim delima, i dobiće različite vrste kazni u skladu sa ozbiljnošću njihovih grehova, zauvek u Paklu.

Ognjeno jezero ili jezero gorućeg sumpora

Deo gde „more dade svoje mrtvace" ne znači da more daje one koji su se udavili. „More" se ovde duhovno odnosi na zemlju. To znači da će oni koji su živeli na svetu i postali prašina vaskrsnuti da bi im bilo suđeno pred Bogom.

Šta, onda znači kada kažemo: „Smrt i Had dadoše svoje mrtvace koji bejahu u njima?" To znači da oni koji su patili u Nižem Grobu, ovde nazvanom Had, će takođe oživeti i stati ispred Boga da im se sudi. Kada budu osuđeni od Boga, većina onih koji su patili u Nižem Grobu biće bačeni u jezero vatre ili vrelog sumpora u skladu sa ozbiljnošću njihovih grehova, kao što je gore pomenuto, kazne u Nižem Grobu se vrše dok ne počne Sud Velikog belog prestola.

A strašljivima i nevernima i poganima i krvnicima, i kurvarima, i vračarima, i idolopoklonicima, i svima lažama, njima je deo u jezeru što gori ognjem i sumporom; koje je smrt druga (Otkrivenje Jovanovo 21:8).

Kazne u jezeru vatre ne mogu nikako biti uporedive sa onima u Nižem Grobu. To je opisano u Jevanđelju po Marku 9:47-49: „*Ako te i oko tvoje sablažnjava, iskopaj ga: bolje ti je s jednim okom ući u carstvo Božje, negoli s dva oka da te bace u pakao ognjeni, gde crv njihov ne umire, i oganj se ne gasi. Jer će se svaki ognjem posoliti.* " Šta više, jezero vrelog sumpora je sedam puta vrelije od jezera vatre.

Sve do Sudnjeg Dana, ljudi su mučeni od insekata i zveri, mučeni su od strane glasnika pakla, ili pate od raznih vrsta kazni u Nižem Grobu koje služi kao čekaonica na putu do Pakla. Posle Suda, samo bol iz ognjenog jezera i jezera vrelog sumpora će ostati.

Agonija u ognjenom jezeru ili u gorućem sumporu

Kada sam preneo poruku o ovim užasnom prizorima Nižeg Groba, mnogi članovi moje crkve bili su nesposobni da se uzdrže od suza sa žaljenjem za onima na tako užasnom mestu. Ipak, patnja od kazni u ognjenom jezeru ili gorućem sumporu je mnogo veća od bilo koje kazne u Nižem Grobu. Možete li da zamislite veličinu mučenja makar malo? Čak iako pokušamo, ima granica za nas, koji smo još uvek u telu, da shvatimo duhovne sadržaje.

Slično tome, kako je moguće da mi razumemo slavu i lepotu Neba do krajnje tačke? Reč „večnost" sama nije nešto što je nama poznato i prisiljeni smo da je jedva pretpostavimo. Čak iako pokušamo da zamislimo život na Nebu zasnovan na „radosti," „sreći," „bajnosti," „lepoti," i slično, to nije uporedivo sa stvarnim životom kojim ćemo mi nekad živeti na Nebu. Kada vi ustvari odete na Nebo, vidite sve vašim sopstvenim očima, iskusite život, vaša vilica će pasti na zemlju i ostaćete bez teksta. Isto tako, sve dok ne iskusimo mučenje Pakla, mi nikada ne možemo potpuno da shvatimo veličinu ogromne patnje koja je van zamisli ovog sveta.

Oni koji će pasti u ognjeno jezero ili gorući sumpor

Čak iako ću dati od sebe, molim vas imajte na umu da Pakao nije mesto koje može biti adekvatno opisano sa rečima ovog sveta, i čak iako objasnim u najbolje što mogu, moj opis će se računati kao manje od jedan milionitog dela od onog stvarnog užasa u Paklu.

Šta više, kada se oni sete da trajanje mučenja nije ograničeno već će trajati zauvek, osuđene duše moraju da pate još više.

Posle Suda Velikog belog prestola, oni koji dobiju prvi i drugi nivo kazni u Nižem Grobu biće bačeni u ognjeno jezero. Oni koji dobiju treći i četvrti nivo kazne biće bačeni u gorući sumpor. Duše obično u Nižem Grobu znaju da Suđenje će ipak doći, i oni znaju gde će biti posle Suđenja. Čak iako su pokidani od insekata i glasnika pakla, ove duše mogu da vide ognjeno jezero i gorući sumpor u Paklu iz daljine i veoma su svesni da će biti kažnjeni tamo.

Zato, duše u Nižem Grobu pate ne samo od prisutnog bola, već i od mentalnog mučenja u strahu zbog stvari koje će doći posle Suda.

Žalosni plač duše u Nižom Grobu

Dok sam se molio za otkrivanje Pakla, kroz Sveti Duh Bog mi je dozvolio da čujem žalosni plač duša u Nižem Grobu. Kada

Pakao

sam zapisao svaku reč žaljenja, pokušao sam da osetim makar deo straha i očaja koji je obuzimao ovu dušu.

Kako ovo može da bude figura ljudskog bića?
Ovako nisam izgledao tokom mog života na zemlji.
Moja pojava ovde je strašna i odvratna!

U ovom beskonačnom bolu i očaju,
kako mogu da budem oslobođen?
Šta mogu da uradim da pobegnem od ovoga?
Mogu li da umrem? Šta da radim?
Mogu li makar malo da se odmorim
u jeku ove večne kazne?
Ima li načina da se prekrati ovaj prokleti život
od ovog neizdrživog bola?

Povredio sam svoje telo da bi se ubio, ali ne mogu da umrem.
Nema kraja...jednostavno nema kraja...
Nema kraja mučenju moje duše.
Nema kraja mom trajnom životu.
Kako ja mogu ovo da opišem rečima?
Uskoro ću biti bačen
u široko i duboko ognjeno jezero.
Kako ću podneti ovo?

Mučenje ovde je samo dovoljno neizdrživo!
To besno ognjeno jezero je
tako strašno, tako duboko, i tako vrelo.

Kako ću podneti ovo?
Kako da pobegnem od toga?
Kako da pobegnem od ovog mučenja?

Samo da mogu da živim...
Samo da ima načina da mogu da živim...
Samo kada bi bio poslat...
Bar bi mogao da potražim izlaz napolje,
ali ne vidim ga.

Ovde postoji samo tama, očaj i bol,
i postoji samo frustracija i muka za mene.
Kako ću podneti ovo mučenje?
Samo kada bi On otvorio vrata za život...
Samo kada bi video put iz ovoga...

Molim te spasi me. Molim te spasi me.
Mnogo je strašno i teško za mene da izdržim,
Molim te spasi me. Molim te spasi me.
Moji dani su do sada bili bolni i teški.
Kako ću da uđem u to ognjeno jezero?
Molim te spasi me!
Molim te pogledaj me!
Molim te spasi me!
Molim te imaj milosti prema meni!
Molim te spasi me!
Molim te spasi me!

Jednom kada ste oterani u Niži Grob

Posle kraja života na zemlji, niko neće dobiti „drugu šansu." Samo vas čeka nošenje tereta zbog svega što ste učinili. Kada ljudi čuju o postojanju Neba i Pakla, neki od njih kažu: „Saznaću kada umrem." Međutim, jednom kada umrete, prekasno je. Pošto nema povratka nazad kada umrete, vi o ovom trebate da znate zasigurno pre nego što umrete.

Jednom kada se odbačeni u Niži Grob, bez obzira koliko da se kajete, žalite, i molite Boga, vi ne možete da izbegnete neminovne i užasne kazne. Tamo nema nade za vašu budućnost već samo beskonačno mučenje i očaj.

Duša koja žala kao ova gorepomenuta veoma dobro zna da nema puta ili mogućnosti spasenja. Šta više, duša plače Bogu „za svaki slučaj." Duša moli za milost i za spasenje. Ovaj dušin plač se pretvara u duboko naricanje, i ovaj vrisak odzvanja okolo i širi po celom Paklu i nestaje. Naravno, nema odgovora.

Ipak, pokajanje ljudi u Nižem Grobu nije iskreno i časno čak iako se čini da se njihovo pokajanje toliko žalosno. Pošto bezbožnost u njihovim srcima i dalje ostaje i oni znaju da njihov vrisak je beskoristan, ove duše odaju još više zla i proklinju Boga. Ovo nam naročito pokazuje zašto takvi pojedinci nisu mogli da uđu na Nebo na prvom mestu.

Ognjeno jezero i jezero gorućeg sumpora

U Nižem Grobu, duše makar mogu da mole, kukaju i žale,

pitajući sebe: „Zašto sam ja ovde?" Oni se takođe plaše jezera i smišljaju načine da pobegnu od mučenja, misleći: „Sada, kako ja mogu da pobegnem od tog glasnika pakla?"

Jednom bačeni u jezero vatre, međutim, oni ne mogu da misle ni našta drugo zbog užasnog i beskonačnog bola. Kazne u Nižem Grobu su relativno lake, u upoređenju sa onima u ognjenom jezeru. Kazne u ognjenom jezeru su neizdrživo bolne. To je tako bolno da mi ne možemo da razumemo ili zamislimo svojim ograničenim kapacitetima.

Stavite so na vreli usijani tiganj ako hoćete da zamislite čak i mali deo mučenja. Videćete da so odskače, i to liči na prizor iz ognjenog jezera: duše skaču kao što odskače so.

Takođe, zamislite da se tu bazenu ključale vode, koja meri 100°C, ognjeno jezero je mnogo više vrelije nego ključala voda, a jezero gorućeg sumpora je sedam puta vrelije od ognjenog jezera vatre. Jednom kada ste bačeni u njega, tamo nema puta za spasavanje i vi ćete patiti uvek i zauvek. Prvi, drugi i treći i četvrti nivoi kazne u Nižem Grobu pre Suda su mnogo lakši za izdržati.

Zašto je onda Bog, ostavio njih da pate u Nižem Grobu hiljadu godina pre nego što ih je bacio u ognjeno jezero ili jezero gorućeg sumpora? Nespašeni ljudi će misliti na sebe. Bog želi od njih da shvate zbog kog razloga su oni osuđeni na tako strašno mesto kao Pakao, i iskreno se pokaju za grehove iz prošlosti. Međutim, veoma je teško da nađete ljude koji se kaju, i oni će radije odavati još više zla nego ikad ranije. Sada mi znamo zašto je Bog napravio pakao.

Posoljen vatrom u ognjenom jezeru

Dok sam se molio 1982., godine, Bog mi je pokazao prizor sa Suda Velikog belog prestola, i kratak pogled na ognjeno jezero i jezero gorućeg sumpora. Ova dva jezera su veoma široka. Iz daljine, dva jezera i duše u njima izgledaju kao ljudi u toplim izvorima. Neki ljudi su potopljeni do grudi, dok drugi su potopljeni do vratova, i vide im se samo glave.

U Jevanđelju po Marku 9:48-49 Isus govori o Paklu kao o mestu: *„gde crv njihov ne umire, i oganj se ne gasi. Jer će se svaki ognjem posoliti."* Možete li da zamislite bol u takvoj strašnoj sredini? Kako ove duše pokušavaju da pobegnu, sve što jedva mogu da urade je da skaču kao pucajuća so i škrguću zubima.

Ponekad ljudi na ovom svetu skaču gore i dole dok se igraju ili plešu do kasno u noćnim klubovima. Posle nekog vremena, oni se umaraju i odmaraju se ako žele. U Paklu, međutim, duše skaču ne iz zadovoljstva već zbog količine bola i, naravno, tamo nema odmora za njih čak iako to žele. Oni vrište u bolovima tako glasno da vrti u glavi, i njihove staklaste oči se postaju tamno plave i postaju strašno zakrvavljene. Šta više, njihovi mozgovi i tečnosti izlaze napolje.

Bez obzira koliko očajnički da pokušavaju, duše ne mogu da izađu. Oni pokušavaju da odguraju i odbace se jedni od drugih ali to je beskorisno. Svaki pedalj jezera, čiji kraj nije vidljiv sa drugog kraja, sadrži istu temperaturu, i temperatura jezera ne opada čak i kada vreme prolazi. Sve do Suda Velikog belog prestola, Niži Grob je bio kontrolisan i vođen Luciferom, i sve kazne su date u skladu sa Luciferovom vlasti i moći. Posle Suda, međutim, kazne će biti predate Bogu i izvršiće se u skladu sa Njegovim proviđenjem i moći. Ipak, temperatura celog ognjenog jezera može uvek biti održavana na istom nivou. Ova vatra će naterati duše da pate ali ih neće ubiti. Baš kao što se tela duša obnavljaju u Nižem Grobu čak iako su ona odsečena ili odvojena na delove, tela duša u paklu su brzo obnovljena nakon što su spržena.

Sprženo celo telo i unutrašnji organi

Kako su duše u ognjenom jezeru kažnjene? Da li ste ikada gledali scenu iz stripova, animiranih filmova, crtanih serija na televiziji u kojima karakteri su prikačeni na „visoko naponsku" struju? U momentu kada ga udari struja, njegovo telo se pretvara u skelet tamno obojenih kontura koje okružuju njegovo telo. Kada je isključen iz strujnog toka, on izgleda normalno. Ili, slike sa rentgena pokazuju unutrašnje delove ljudskog tela.

Na sličan način, duše u ognjenom jezeru vatre su prikazane u svom fizičkom obliku u jednom momentu. U sledećem, telo nigde nije vidljivo i samo su njihovi duhovi vidljivi. Ovaj šema se sama ponavlja. U gorućoj vatri, tela duše momentalno izgore i nestaju, i onda su ponovo obnovljena.

Na ovom svetu, kada imate opekotine trećeg stepena, vi možda nećete moći da izdržite osećaj zagušljivosti preko celog tela i poludećete. Niko drugi ne može da razume stepen ovog bola sve dok ga sam ne iskusi. Vi možda nećete moći da izdržite bol čak iako su samo vaše ruke opečene.

Uopšteno, miris opekotine ne odlazi odmah nakon opekotine već traje danima. Toplota vatre ulazi u telo, povređuje ćelije, ponekad i srce. Onda, koliko više bolnije će to biti da imate celo vaše telo opečeno i unutrašnje organe spržene, samo da bi bili opet obnovljeni i ponovo sprženi? Duše u ognjenom jezeru ne mogu da izdrže ovaj bol ali oni ne mogu da se onesveste, umru ili da se odmore čak ni na momenat.

Jezero gorućeg sumpora

Ognjeno jezero je mesto kazni za one koji su počinili relativno lakši greh i patili su od prvog ili drugog nivoa kazni u Nižem Grobu. Oni koji su počinili teže grehove i patili su u trećem i četvrtom nivou kazni u Nižem Grobu ući će u jezero gorućeg sumpora, koje je sedam puta vrelije od ognjenog jezera. Kako sam već gore pomenuo, jezero gorućeg sumpora je rezervisano za sledeće ljude: one koji su govorili protiv, optuživali, i hulili Svetog Duha; oni koji su razapeli Isusa Hrista opet ponovo; oni koji su Ga izdali; oni koji su nastavili namerno da greše; velikih idolopoklonika; oni koji su nastavili da greše nakon što je njihova savest označena; svi oni koji su se protivili Boga svojim zlim delima; lažnim prorocima i učiteljima koji uče lažima.

Celo ognjeno jezero je puno sa „crvenom" vatrom. Jezero gorućeg sumpora je prepunjeno više „žutom" nego „crvenom" vatrom i uvek ključa sa balončićima veličine tikve ovde i onde. Duše u ovom jezeru su potpuno potopljene u ključalom tečnošću od gorućeg sumpora.

Preplavljen bolom

Kako možete da objasnite bol u jezeru gorućeg sumpora koje je sedam puta vrelije od ognjenog jezera u kome je bol neizdrživ? Dozvolite mi da objasnim sa sličnim stvarima ove zemlje. Ako neko popije tečnost koja je napravljena od gvožđa u vreloj peći, koliko bolno će to biti? Njegovi unutrašnji organi će biti spaljeni kada toplota, dovoljno jaka da pretvori čvrsto gvožđe u tečnost, uđe u njegov stomak niz njegovo grlo. U ognjenom jezeru, duše makar mogu da skoče ili vrisnu od bola. U jezeru gorućeg sumpora, međutim, duše ne mogu da jauču ili misle već su samo obuzete bolom. Stepen mučenja i agonije koja treba da se izdrži u jezeru gorućeg sumpora ne može biti opisana sa ni jednim pokretima ili rečima. Povrh toga, duše će patiti večno. Onda, kako ova vrsta mučenja može biti opisana rečima?

Neki ostaju u Nižem Grobu čak i posle Suda

Spašeni ljudi u Starom Zavetu bili su u Višem Grobu sve dok Isus Hrist nije vaskrso, i posle Njegovog vaskrsnuća, oni su ušli u Raj i čekaće tamo u čekaonici u Raju sve dok se ne desi Njegovog Drugi dolazak u vazduhu. Sa jedne strane, spašeni ljudi u vremenu Novog Zaveta privikli su se u Višem Grobu za tri dana i zatim su ušli u čekaonicu u Raju gde čekaju sve dok u vazduhu ne desi Drugi Isusa Hrista Dolazak.

Ipak, nerođena deca koja su umrla u majčinoj utrobi ne idu u

Raj čak i posle vaskrsnuća Isusa Hrista ili čak posle Suda. Oni borave u Višem Grobu zauvek.

Slično tome, među onima koji trenutno pate u Nižem Grobu postoje izuzeci. Ove duše, nisu bačene ni u ognjeno jezero ni u jezero gorućeg sumpora čak i posle Suda. Ko su oni?

Deca koja su umrla pre puberteta

Pored nespašenih su abortirani fetusi starosti od šest meseci ili u kasnijoj trudnoći i dece pre pubertetskih godina, oko dvanaest godina. Ove duše nisu bačene u ognjeno jezero ili gorućeg sumpora. Ovo je zbog toga da čak iako su oni došli u Niži Grob svojim sopstvenim zlom, u vreme njihove smrti oni nisu dovoljno odrasli da dostignu sopstvenu volju. Ovo znači da njihov život u veri nije bio na pravom putu koji su izabrali, zato što su oni lako mogli da padnu pod uticaj spoljašnjih elemenata kao što su njihovi roditelji, preci i okruženje.

Bog ljubavi i pravde imao je u vidu ove činjenice i nije ih bacio u jezero vatre ili gorućeg sumpora čak ni posle Suda. Ovo, međutim, ne da znači da će njihova kazna iščeznuti ili nestati. Oni će večno biti kažnjeni onako kako su kažnjavani u Nižem Grobu.

Pošto je plata za greh smrt

Osim tog slučaja, svi ljudi u Nižem Grobu biće odbačeni u jezero vatre ili gorućeg sumpora u skladu sa njihovim grehovima koje su počinili za vreme njihovog kultivisanja na zemlji. U

Kazne u Paklu nakon Strašnog Suda

Poslanici Rimljanima 6:23 čitamo da: „*Jer je plata za greh smrt, a dar Božji je život večni u Hristu Isusu Gospodu našem.* " Ovde: „smrt" se ne odnosi na kraj života na zemlji, već znači da je to večna kazna bilo da je u ognjenom jezeru ili jezeru gorućeg sumpora. Užasno i odvratno mučenje večnom kaznom je plata za smrt, i prema tome, vi znate da je greh užasan, gadan, i podao.

Ako bi ljudi znali makar malo o večnoj miseriji Pakla, kako neće biti uplašeni da idu u Pakao? Kako oni da ne prihvate Isusa Hrista, povinuju se i žive po reči Boga?

Isus nam govori sledeće u Jevanđelju po Marku 9:45-47:

> *I ako te noga tvoja sablažnjava, odseci je: bolje ti je ući u život hrom, negoli s dve noge da te bace u pakao, u oganj večni, gde crv njihov ne umire, i oganj se ne gasi. Ako te i oko tvoje sablažnjava, iskopaj ga: bolje ti je s jednim okom ući u carstvo Božje, negoli s dva oka da te bace u pakao ognjeni.*

Bolje je za vas da odsečete vaše stopalo ako ćete da počinite greh time što ćete da idete na mesta na koja ne treba da idete nego da padnete u pakao. Bolje je za vas da odsečete ruke ako ćete da počinite greh tako što ćete da uradite stvari koje ne bi trebali da uradite i odete u pakao. Slično tome, bolje je za vas da iskopate oko ako počinite greh tako što ćete da vidite ono što ne treba da vidite.

Ipak, uz milost Božju slobodno datoj nama, mi ne moramo

da odsečemo naše ruke i noge ili iskopamo oko kako bi ušli na Nebo. Ovo je zato što naše bezgrešno i neokaljano Jagnje, Gospod Isus Hrist, je bio razapet u našu korist, imao je Njegove ruke i noge zakucane i nosio je krunu od trnja.

Sin Božji došao je da uništi đavolje delo

Zato, svako ko veruje u krv Isusa Hrista oprošteno mu je, oslobođen je kazne u ognjenom jezeru ili jezeru gorućeg sumpora, i nagrađen je večnim životom.

1. Jovanova Poslanica 3:7-9, govori nam: „Dečice! Niko da vas ne vara: koji pravdu tvori pravednik je, kao što je On pravedan; koji tvori greh od đavola je, jer đavo greši od početka. Zato se javi Sin Božji da raskopa dela đavolja. Koji je god rođen od Boga ne čini greh, jer Njegovo seme stoji u njemu, i ne može grešiti, jer je rođen od Boga."

Greh je više nego delo, kao što je krađa, ubistvo, ili prevara. Zlo u srcu pojedinca je mnogo ozbiljniji greh. Bog mrzi zlo u našim srcima. On mrzi zlo srce samo koje osuđuje i krivi druge, zlo srce koje mrzi i saplići, i zlo srce koje je lukavo i izdajničko. Kakvo bi Nebo bilo ako ljudima sa takvim srcima bude dozvoljeno da uđu u njega i žive tamo? Čak i na Nebu, ljudi će se raspravljati zbog toga šta je ispravno a šta ne, tako da Bog neće dozvoliti zlom čoveku da uđe na Nebo.

Zato, ako postanete dete Božje ovlašćeno krvlju Isusa Hrista, vi ne smete da pratite neistinu više i služite kao rob đavolu, već da živite u istini kao dete Božje, koji je sama svetlost. Samo onda vi možete da imate slavu Neba, dobijete blagoslove da uživate u

Kazne u Paklu nakon Strašnog Suda

vlasti kao dete Božje i napredujete čak i na ovom svetu.

Vi ne smete da činite grehove neiskreno izjavljujući o vašu veru

Bog nas toliko mnogo voli da je On poslao Njegovog voljenog, nevinog, i jednog i jedinog Sina da umre za nas na krstu. Možete li da zamislite, onda, koliko će Bog žaliti i biti uznemiren je kada On vidi one koji tvrde da su „Božja deca" čine grehove, pod uticajem đavola i napreduju ka Paklu toliko brzo?

Ja tražim od vas da ne činite grehove već da se povinujete Božjim komandama, dokazujući sebe kao Božje dragoceno dete. Kada to učinite, svim vašim molitvama biće odgovoreno mnogo brže i vi ćete postati iskreno dete Božje, i na kraju, vi ćete ući i živeti u divnom Novom Jerusalimu. Vi ćete takođe dobiti moć i vlast da odbacite tamu iz onih koji još ne znaju istinu, još čine grehove, i koji su postali robovi đavola. Vi ćete biti ovlašćeni da ih vodite ka Bogu.

Da budete iskreno dete Boga, primite odgovore na sve vaše molitve i zahteve, slavite Njega, i skrenete mnogobrojne ljude od puta ka Paklu, tako da možete da dostignete slavu Boga, sijajući kao sunce na nebu.

Zli duhovi će biti zatvoreni u Ambisu

Po Vebsterovom novom svetskom akademskom rečniku, izraz „Ambis" je opisan kao „ponor bez dna," „bezdan," ili „sve što je preduboko da bi se izmerilo." U biblijskom značenju, Ambis je najdublje i najniže mesto Pakla. Ono je rezervisano samo za one zle duhove koji su nevažni za ljudsku kultivaciju.

I videh anđela gde silazi s neba, koji imaše ključ od ambisa i verige velike u ruci svojoj. I on uhvati aždahu, staru zmiju, koja je đavo i sotona, i sveza je na hiljadu godina, i u ambis baci je, i zatvori je, i zapečati nad njom, da više ne prelašćuje narode, dok se ne navrši hiljadu godina; i potom valja da bude odrešena na malo vremena (Otkrivenje Jovanovo 20:1-3).

Ovo je opis vremena pri kraju Sedmogodišnjeg velikog stradanja. Posle Drugog dolaska Isusa Hrista, zli duhovi će kontrolisati svet sedam godina, tokom kojeg će treći Svetski rat i druge bolesti preplaviti ceo svet. Posle Velikog stradanja je Milenijumsko kraljevstvo, za vreme kog su zli duhovi zarobljeni u Ambisu. Pri kraju Milenijuma, zli duhovi će biti oslobođeni na kratko vreme i kada se završi Sud Velikog belog prestola, one će biti zaključane ponovo u Ambisu ali ovaj put, zauvek. Lucifer i njegove sluge kontrolišu svet tame, ali posle Suda, Nebo i Pakao će biti vođeno samo sa Božjom moći.

Zli duhovi su samo instrumenti za ljudsku kultivaciju

Koje vrste kazni će dobiti zli duhovi, koji su izgubili svu moć i vlast, u Ambisu?

Pre nego što nastavimo dalje, imajte na umu da zli duhovi služe i postoje samo kao instrumenti za ljudsku kultivaciju. Zašto, onda, Bog kultiviše ljudska bića na zemlji čak iako tamo ima nebrojano mnogo nebeske vojske i anđela na Nebu? To je zbog toga što Bog želi iskrenu decu sa kojom On može deliti Njegovu ljubav.

Dozvolite mi da vam dam primer. Kroz istoriju Koreje, plemići su obično imali mnogo slugu u svom posedu. Sluge bi poslušale ma šta njihove gazde zapovedili. Sada, gazda je imao rasipničke sinove i kćeri koji nisu njega slušali već su radili ono šta su želeli. Da li ovo znači da gazda voli više njegove pokorne sluge od svoje rasipničke dece? On ne može a da ne voli svoju decu čak iako oni nisu toliko poslušni.

To je isto i sa Bogom. On voli ljudska bića stvorena po Njegovom liku bez obzira koliko ima pokornih nebeskih vojnika i anđela. Nebeska vojska i anđeli si više kao roboti koji samo rade ono šta im se kaže. Zato, oni nisu u mogućnosti da dele iskrenu ljubav sa Bogom.

Naravno, ne može se reći da su anđeli i roboti isti u svakom pogledu. Sa jedne strane, roboti rade samo kako im je naređeno, manjka im slobodna volja, i ne mogu da išta osete. Sa druge strane, kao i ljudska bića i anđeli znaju za osećaj radosti i tuge.

Kada vi osetite radost ili tugu, anđeli nemaju isti osećaj kao vi, ali približno znaju šta je to šta vi osećate. Međutim kada vi slavite Boga, anđeli će Njega slaviti sa vama. Kada igrate da slavite Boga, oni će takođe igrati i čak će svirati na muzičkim instrumentima zajedno. Ova osobina ih razlikuje od robota. Ipak, anđeli i roboti su „slični" u tome da i jedni i drugi nemaju slobodnu volju i rade samo kako im se kaže, napravljeni su i korišćeni samo kao stvari ili instrumenti.

Kao i anđeli, zli duhovi nisu ništa više od stvari koje se koriste za ljudsku kultivaciju. Oni su kao mašine koje ne razlikuju dobro od lošeg, napravljeni su za određenu nameru, i korišćeni su za zlu nameru.

Zli duhovi zatvoreni u Ambisu

Zakon o duhovnom svetu zapoveda „plata za greh je smrt" i „Čovek žanje ono što je zasjao." Posle Strašnog suda, duše u Nižem Grobu će biti kažnjeni u ognjenom jezeru vatre ili jezeru gorućeg sumpora u skladu sa ovim zakonom. To je zato što su oni izabrali zlo svojom slobodnom voljom i osećanjima dok su bili kultivisani na ovoj zemlji.

Zli duhovi osim demona nisu bitni za ljudsku kultivaciju. Ipak, posle Sudnjeg Dana zli duhovi su zatvoreni u tamnom i hladnom Ambisu, odbačeni su kao gomila smeća. Ovo je najprilagodnija kazna za njih.

Božji presto je smešten u samom centru na vrhu Neba. Suprotno tome, zli duhovi su zatvoreni u Ambisu, najdubljem i najtamnijem mestu u paklu. Oni ne mogu da se normalno pomeraju u tamnom i hladnom Ambisu. Kako su oni pritisnuti velikim kamenjem, zli duhovi će zauvek biti pritisnuti u fiksiranoj poziciji.

Ovi zli duhovi su jednom pripadali Nebu i imali uzvišene zadatke. Posle njihovog pada, pali anđeli iskoristili su vlast na svoj način u svetu tame. Ipak, oni su bili pobeđeni u ratu koji su vodili protiv Boga i sve je bilo gotovo. Oni su izgubili svu svoju slavu i vrednost nebeskih bića. U Ambisu, kao simbol prokletstva i degradiranja, krila ovih palih anđela biće otkinuta. Duh je večno i besmrtno biće. Ipak, zli duh u Ambisu ne može da pomeri ni prst, nema osećaje, volju ili moć. Oni su kao mašine koje su bile isključene, ili kao lutke koje su bile bačene, ili čak izgledaju kao da su zaleđeni.

Neki glasnici pakla ostaju u Nižem Grobu

Ima izuzetaka u ovoj ulozi. Kao što je gore pomenuto, deca ispod godine jedva dvanaest će ostati u Nižem Grobu čak i posle Suda. Zato, kako bi se nastavila kazna nad ovom decom, prisustvo glasnika pakla je neophodno.

Ovi glasnici pakla nisu zatvoreni u Ambisu već ostaju u Nižem Grobu. Oni izgledaju kao roboti. Pre Suda, oni će se ponekad smejati i uživati gledajući duše koje su mučene, ali to nije što oni sami imaju osećaja. To je zbog Luciferove kontrole, koji ima ljudske karakteristike, koji je naveo glasnike pakla da iskažu ove emocije. Posle Suda, međutim, oni više nisu pod kontrolom Lucifera, već će oni obavljati svoj posao bez emocija, radeći kao mašine.

Gde će demoni završiti?

Za razliku od palih anđela, zmajevi i njihovi sledbenici koji su bili stvoreni pre nastanka univerzuma, demoni nisu duhovna bića. Oni su jednom bili ljudska bića, napravljena od prašine i imali su dušu, duh, i telo kao mi. Pored onih jednom kultivisanih na ovom svetu ali koji su umrli bez dobijanja spasenja su oni koji su pušteni na ovaj svet pod određenim okolnostima poput demona.

Kako, onda, jedan postaje demon? Postoje obično četiri načina na kojima ljudi postaju demoni.

Prvi je slučaj kada ljudi prodaju svoj duh i dušu Sotoni.

Ljudi koji se bave vradžbinama i traže pomoć i moć od zlih duhova da bi zadovoljili svoju pohlepu i strast, takvi kao što su vračari, mogu da postanu demoni kada umru.

Drugi je slučaj ljudi koji su počinili samoubistvo svojim sopstvenim zlom.

Ako ljudi okončaju svoj život sami zbog propasti posla ili nekog drugog razloga, oni su ignorisali Božji vlast nad životom i mogu da postanu demoni. Međutim, ovo nije isto kao da neko žrtvuje svoj život za njegovu/njenu zemlju ili pomogne bespomoćnima. Ako čovek, koji nije znao kako da pliva, skoči u vodu da spasi nekoga drugog po cenu svog života, to je bilo iz dobre i plemenite namere.

Treći je slučaj ljudi koji su jednom verovali u Boga ali su završili tako što su se odrekli Njega i prodali svoju veru.

Neki vernici su korili i krivili Boga kada su se suočavali sa velikim nevoljama ili izgubili nekoga ili nešto što im je bilo veoma drago. Čarls Darvin, vođa teorije evolucije, je dobar primer. Darvin je jednom verovao u Boga Stvoritelja. Kada je njegova voljena ćerka iznenadno umrla, Darvin je počeo da se odriče i korio je Boga i izneo je teoriju o evoluciji. Takvi ljudi su počinili greh da su opet raspeli Isusa Hrista našeg Spasitelja (Poslanica Jevrejima 6:6).

Četvrti i poslednji je slučaj ljudi koji su korili, optužili i hulili Svetog Duha čak iako su verovali u Boga i znali istinu (Jevanđelje po Mateju 12:31-32; Jevanđelje po Luki 12:10). Danas, mnogi ljudi prividno ispovedaju svoje verovanje u Boga ustvari kore, optužuju i hule Svetog Duha. Čak iako su ti ljudi bili svedoci mnogim delima Boga, oni ipak sude i osuđuju druge, optužuju dela Svetog Duha, i pokušavaju da unište crkve praćene Njegovim delima. Pored toga, ako to čine kao vođe njihovi grehovi postaje još veći.

Kada ovi grešnici umru, oni su bačeni u Niži Grob i dobijaju treći ili četvrti nivo kazne. Činjenica je da neke od ovih duša postaju demoni i pušteni su na ovaj svet.

Demoni kontrolisani đavolom

Sve do Suda Lucifer ima potpunu vlast da kontroliše svet tame u Nižem Grobu. Tako, Lucifer takođe ima moć da odabere određene duše najpogodnije za njegova dela iz Nižeg Groba i iskoristi ih na ovom svetu kao demone.

Jednom kada je ova duša odabrana i puštena na svet, za razliku od toga što su imali u svom životu, oni više nemaju sopstvenu volju ili osećanja. U skladu sa Luciferovom voljom, njih kontroliše đavo i služe samo kao instrumenti da bi ispunili ciljeve sveta zlih duhova.

Demoni zavode ljude da vole svetovno. Neki od današnjih najstrašnijih grehova i zločina nisu slučajnost već su verovatno stvoreni kroz dela demona u skladu sa Luciferovom voljom. Demoni ulaze u ove ljude u skladu sa zakonom duhovnog sveta i vode ih do pakla. Ponekad, demoni sakate ljude i donose im bolesti. Naravno, ovo ne znači da svaka vrsta slučaja deformiteta ili bolesti je delo demona ali neki slučajevi su uzrokovani od demona. Mi nailazimo u Bibliji na dečaka opsednutog demonom koji je bio mutav još od detinjstva (Jevanđelje po Marku 9:17-24), i ženu koju je duh osakatio i osamnaest godina beše zgrčena, i nije mogla sama da se uspravi (Jevanđelje po Luki 13:10-13).

U skladu sa Luciferovom voljom, demonima su raspodeljeni najlakši zadaci u svetu tame ali oni neće biti osuđeni na Ambis posle Suda. Pošto su demoni nekada bili ljudska bića i kultivisani su, pored onih koji su dobili treći i četvrti nivo kazne u Nižem Grobu, oni će biti bačeni u jezero gorućeg sumpora posle Suda Velikog belog prestola.

Zli duhovi se plaše Ambisa

Neki od vas koji se sećaju reči iz Biblije naići će na nešto što je neumesno. U Jevanđelju po Luki je prizor u kome se Isus sreće sa čovekom opsednutim demonom. Kada je On naredio demonu da izađe iz njega, demon je rekao: *„Šta je tebi do mene, Isuse, Sine Boga Najvišeg? Molim Te, ne muči me!"* (Jevanđelje po

Luki 8:28) i udovoljio je Isusu kako ga On ne bi poslao u Ambis. Demonima je suđeno da budu bačeni u jezero gorućeg sumpora, ne u Ambis. Zašto, onda, je molio Isusa da ga ne baci u Ambis? Kao što je gore napomenuto, demoni su nekada bili ljudska bića i kao takva, oni su tek instrumenti koji se koriste za ljudsku kultivaciju u skladu sa voljom Lucifera. Tako, kada demon govorio Isusu kroz usta ovog čoveka, to se ustvari izražavalo srce zlog duha koji je kontrolisao demona, a njegovo. Zli duhovi vođeni od Lucifera znaju da kad Božje proviđenje jednom kompletno za ljudsku kultivaciju bude ispunjeno, oni će izgubiti svu svoju vlast i moć i biće večno osuđeni na Ambis. Njihov strah za budućnost tako jasno je bio pokazan kroz demonovo moljenje.

Šta više, demon je korišćen samo kao instrument tako da se ovi zli duhovi plaše onoliko koliko njihov kraj može biti upisan u Bibliji.

Zašto se demoni gade severne Koreje, vode i vatre?

Ranije u mom službovanju, Sveti Duh je radio tako moćno u mojoj crkvi da su slepi mogli da vide, mutavi da progovore, ljudi sa poliomiljelitisom (dečja paraliza) da prohodaju, i zli duhovi su izbačeni. Ove vesti su se proširile kroz zemlju, i mnogi bolesni ljudi su došli. U to vreme, ja sam se lično molio za one opsednute demonima, i demoni, kao duhovna bića su unapred znali da će biti izbačeni. S vremena na vreme, demoni bi me molili: „Molim te nemoj da nas izbacuješ u vodu, vatru ili Severnu Koreju!"

Naravno, ja nisam mogao da se složim sa njihovim zahtevima.

Posle toga, ja sam se molio: „Bože, zašto se demonima gadi Severna Koreja?" U odgovoru, Bog mi je otkrio da demoni mrze Severnu Koreju zato što ljudi u izolovanoj zemlji ne mogu i ne žele da služe idolima i zato neće prihvatiti demone.

Zašto, onda, demoni mrze vatru i vodu? Biblija je zapisala njihovu srdžbu prema vodi i vatri. Kada sam se ja molio za ovo otkrivenje, Bog mi je rekao da duhovna voda stoji za život, još više za reč Boga koji je svetlost. Povrh toga, vatra simbolizuje vatru Svetog Duha. U skladu sa tim, demoni predstavljaju tamu i sami će izgubiti svoju moć i vlast kada budu odbačeni u vodu i vatru.

U jevanđelju po Marku 5 je prizor u kome Isus naređuje demonu „Legeonu" (Legion) da izađe iz čoveka, i oni su molili Njega da ih pošalje u svinje (Jevanđelje po Marku 5:12). Isus im dade dozvolu, i zli duhovi su izašli iz čoveka i ušli u svinje. Čopor svinja, njih oko dve hiljade, otrčaše dole niz nizbrdicu u jezera gde se podaviše. Isus je učinio ovo da spreči demone da više ne rade za Lucifera time što ih je podavio u jezero. Ovo, ipak, ne znači da su demoni udavljeni; oni su samo izgubili svoju moć. Zbog toga nam Isus govori: *„a kad nečisti duh izađe iz čoveka, ide kroz bezvodna mesta tražeći pokoja, i ne nađe ga"* (Jevanđelje po Mateju 12:43).

Deca Božja treba jasno da znaju duhovni svet da bi mogli da izvode Božje moći. Demoni se tresu u strahu ako iz isterate sa potpunim znanjem duhovnog sveta. Međutim, oni se neće tresti, ili neće biti isterani, ako vi samo viknete: „Ti demone, izađi i idi u vodu! Idi u vatru!" bez da imate duhovno razumevanje.

Kazne u Paklu nakon Strašnog Suda

Lucifer se bori da učvrsti svoje kraljevstvo

Bog je Bog obilne ljubavi ali On je takođe i Bog pravde. Bez obzira koliko milosni i oprostivi mogu biti kraljevi na ovom svetu, oni ne mogu bezuslovno biti milostivi i oprostivi u svako doba. Kada u zemlji postoje lopovi i ubice, kralj bi trebalo da ih uhvati i kazni ih u skladu sa zakonom zemlje kako bi održao mir i bezbednost za njegove ljude. Čak iako njegov voljeni sin ili ljudi počine ozbiljan zločin kao što je izdaja, kralj nema druge mogućnosti već da kazni njih u skladu sa zakonom.

Prema tome, ljubav Boga je vrsta ljubavi koja je na liniji sa strogim naređenjem duhovnog sveta. Bog je veoma voleo Lucifera pre njegove izdaje, i čak i posle izdaje, Bog je dao Luciferu kompletnu vlast nad tamom, ali jedina nagrada koju će Lucifer dobiti je tamnovanje u Ambisu. Pošto je Lucifer već zna za ovu činjenicu, on se bori da učvrsti svoje kraljevstvo i da nastavi da stoji čvrsto. Iz ovog razloga, Lucifer je ubio mnogo Božjih proroka pre dve hiljade godina i pre toga. Pre dve hiljade godina, kada je Lucifer saznao za rođenje Isusa, da bi osujetio ostvarenje Božjeg kraljevstva i stalno ustanovio svoje kraljevstvo tame, on je pokušao da ubije Isusa kroz kralja Heroda. Kada je bio podstaknut Sotonom, Herod je dao naređenje da se ubiju svi dečaci na zemlji koji su imali dve i manje godina starosti (Jevanđelje po Mateju 2:13-18).

Pored toga, zadnjih dva milenijuma, Lucifer je uvek pokušavao da uništi i ubije svakoga ko je izvodio čudesne moći Boga. Ipak, Lucifer nikada nije mogao da savlada Boga ili nadmaši Njegov pogled, i njegov kraj je nađen samo u Ambisu.

Bog ljubavi čeka i daje mogućnost za pokajanje

Svim ljudima na zemlji će biti suđeno u skladu sa njihovim delima. Nepravde čeka prokletstvo i kazna a za dobre čeka blagoslov i slava. Ipak, Bog Sam je ljubav i ne baca odmah ljude u pakao odmah nakon što su zgrešili. On strpljivo čeka da se ljudi pokaju kao što je zapisano u 2. Petrovoj Poslanici 3:8-9: *"Ali ovo jedno da vam ne bude nepoznato, ljubazni, da je jedan dan pred Gospodom kao hiljadu godina, i hiljadu godina kao jedan dan. Ne docni Gospod s obećanjem, kao što neki misle da docni, nego nas trpi, jer neće da ko pogine, nego svi da dođu u pokajanje."* Ovo je ljubav od Boga koji želi da svi ljudi dobiju spasenje.

Kroz ovu poruku o Paklu, vi treba da se setite da Bog je takođe strpljiv i da je čekao na sve one koji su kažnjeni u Nižem Grobu. Ovaj Bog ljubavi žali za dušama, stvorenih po Njemu i Njegovom liku, koji sada pate i patiće zanavek u vremenu koje dolazi.

Uprkos Božjem strpljenju i ljubavi, ako ljudi ne prihvate jevanđelje do kraja ili tvrde da veruju ali nastavljaju da greše, oni će izgubiti sve prilike za spasenje i pašće u pakao.

Zbog toga mi vernici treba uvek da širimo jevanđelje bilo da imamo ili ne priliku. Pretpostavimo da je izbio veliki požar u vašoj kući dok ste vi bili van nje. Kada se vratite, kuću gutaju plamenovi a vaša deca su unutra, spavaju. Zar nećete učiniti sve da spasete vašu decu? Božje srce je i više slomljeno kada vidi ljude koji su stvoreni po Njemu i Njegovom liku kako čine grehove i padaju u večni plamen Pakla. Slično tome, možete li da zamislite

Kazne u Paklu nakon Strašnog Suda

koliko će zadovoljan biti Bog da vidi ljude koji vode druge ljude ka spasenju? Vi treba da razumete srce Boga koji voli sve ljude i žali za onima koji su na putu za Pakao, kao i srce Isusa Hrista koji ne želi da izgubi makar i jednu osobu. Sada kada ste pročitali o užasu i grozoti Pakla, vi možda možete da razumete zašto je Bog tako zadovoljan spašavanjem ljudi. Ja se nadam da ćete vi shvatiti i osetiti srce Boga kako bi vi mogli da širite dobre vesti i vodite ljude na Nebo.

Poglavlje 9

Zašto je Bog ljubavi morao da pripremi Pakao?

Božje strpljenje i ljubavi

Zašto je Bog ljubavi morao da pripremi Pakao?

Bog želi da svi ljudi prime spasenje

Smelo širiti jevanđelje

„[Bog] hoće da se svi ljudi spasu,
i da dođu u poznanje istine."
- 1 Poslanica Timoteju 2:4 -

„Njemu je lopata u ruci Njegovoj,
pa će otrebiti gumno svoje,
i skupiće pšenicu svoju u žitnicu,
a plevu će sažeći ognjem večnim."
- Jevanđelje po Mateju 3:12 -

Pre oko dve hiljade godina, Isus je prolazio kroz gradove i sela u Izraelu, propovedao je dobre vesti i izlečio svaku bolest. Kada se On sretao sa ljudima, Isus je imao osećanja za njih, zato što su oni bili ugroženi i bespomoćni, kao ovce bez pastira (Jevanđelje po Mateju 9:36). Bilo je mnogobrojnih ljudi koji su trebali da budu spašeni, ali nije bilo nikoga ko će brinuti o njima. Čak iako je Isus marljivo obilazio sela i posećivao ljude, On nije mogao da se pobrine o svima idući od jednog do drugog.

U Jevanđelju po Mateju 9:37-38, Isus govori Njegovim učenicima: *„Žetve je mnogo, a poslenika malo. Molite se, dakle, Gospodu od žetve da izvede poslenike na žetvu Svoju.*" Mnogo su potrebni radnici koji će naučiti mnoge ljude istini sa gorućom ljubavi i izvući iz njih tamu umesto Isusa.

U današnje vreme, tako mnogo ljudi su robovi greha, pate od bolesti, vlasti, pohlepe i idu ka Paklu- sve samo zato što ne znaju istinu. Mi moramo da razumemo srce Isusa koji traži radnike da ih pošalje na žanju, kako bi vi mogli da dobijete ne samo spasenje već i da priznate Njemu: „Tu sam! Pošalji me, Gospode."

Božje strpljenje i ljubavi

Postojao je sin koji je bio voljen i obožavan od svojih roditelja. Jednoga dana, ovaj sin pitao je svoje roditelje da mu daju njegov deo imovine. Oni su se složili oko zahteva, čak iako nisu mogli dobro da razumeju svoga sina, kome će i onako ostaviti sve. Onda je sin otišao sa svojim nasledstvom van zemlje. Čak iako je imao nade i ambiciju u početku, on se polako odao ovozemaljskom zadovoljstvu i strastima i na kraju je potrošio sav svoj imetak. Šta više, zemlja se suočila sa velikom krizom tako da je on postao još siromašniji. Jednog dana, neko njegovim roditeljima je preneo vesti o sinu, govoreći im da je njihov sin zbog rasipničkog života postao prosjak i zato je preziran od ljudi.

Šta mora da su njegovi roditelji osećali? Oni su možda prvo bili ljuti, ali uskoro bi počeli da se brinu za njega, misleći: „Opraštamo ti sine. Samo se brzo vrati kući!"

Bog prihvata decu koja se vrate sa pokajanjem

Srce ovih roditelja je zapisano u Jevanđelju po Luki 15. Otac, čiji se sin preselio u daleku zemlju, čekao je na svoga sina na kapiji svakoga dana. Otac je čekao povratak sina tako očajnički da kada se njegov sin vratio, otac je mogao da ga odmah prepozna čak i iz daljine, trčao je ka sinu, i rukama ga je radosno obgrlio. Otac je obukao sina koji se pokajao u najbolju odeću i sandale, zaklao je tovno tele, i napravio veselje u sinovljevu čast.

Ovo je srce Boga. On ne samo da oprašta svima onima koji se iskreno pokaju, bez obzira na količinu i veličinu mnogih njihovih grehova, već i takođe udovoljava i ohrabruje ih da čine još bolje. Kada je jedna osoba spašena sa verom, Bog je srećan i slavi povodom toga sa nebeskom vojskom i anđelima. Naš milosrdni Bog je sama ljubav. Sa srcem oca koji čeka svoga sina, Bog nestrpljivo želi da se svi ljudi okrenu od greha i dobiju spasenje.

Bog ljubavi i praštanja

Kroz Osija, poglavlje 3, vi možete da sagledate neverovatnu milost i saosećanje Boga, koji je uvek spreman da oprosti i voli čak i grešnike. Jednog dana, Bog je naredio Osiji da uzme ženu sklonu preljubama za svoju suprugu. Osija se povinovao i oženio je Gomeru. Nekoliko godina kasnije, Gomera nije mogla da zadrži svoje srce i zavolela drugog muškarca. Šta više, ona je bila plaćana kao prostitutka i otišla je kod drugog čoveka. Bog je onda rekao Osiji: *„Idi opet, ljubi ženu koju koja je voljena od svog muža a opet je preljubnica, kao što Gospod ljubi sinove Izrailjeve a oni gledaju za tuđim bogovima i ljube žbanove vinske"* (stih 1). Bog je zapovedio Osiji da voli svoju ženu, koja ga je izdala i napustila kuću da bi volela drugog čoveka. Osija vratio Gomeru nazad nakon što je platio petnaest sikala srebra i gomor i po ječma. (stih 2). Koliko ljudi može to da učini? Nakon što je Osija doveo Gomeru nazad, on joj je rekao: „Sedi kod mene dugo vremena. *„I ne kurvaj se, i ne budi drugog; tako ću i ja biti tvoj"* (stih 3). On je nije osuđivao i mrzeo, već joj je oprostio sa ljubavi i molio je da ga više nikada ne napusti.

Ono što je Osija uradio čini se smešnim ljudima na ovoj zemlji. Međutim, njegovo srce simbolizuje Božje srce. Način na koji se Osija oženio sa ženom koja je sklona preljubama, Bog je prvo voleo nas, koji smo ga napustili, i čak nas i doneo.

Posle Adamove neposlušnosti, sva ljudska bića su bila natopljena grehom. Poput Gomere, oni nisu vredni Božje ljubavi. Međutim, Bog i pored toga je voleo njih i dao im

Njegovog jednog i jedinog Sina Isusa da bude razapet. Ovaj Isus je bio šiban, nosio je krunu od trnja, i bio je prikovan na Njegovim rukama i nogama kako bi On mogao da nas spase. Čak i kada je On visio na krstu i umirao je, On se molio: „Oče oprosti im." Čak i dok ovo govorimo, Isus se založe za sve grešnike pred prestolom našega Boga Oca na Nebu.

Ipak, mnogo ljudi ne zna za Božju ljubav i milost. Umesto toga, oni vole svet i nastavljaju da greše idući za telesnim željama. Neki žive u tami zato što ne znaju istinu. Drugi znaju istinu ali kako vreme prolazi, njihova srca se menjaju i oni ponovo čine grehove. Jednom kada su oni spašeni, ljudi treba sebe da posvećuju svaki dan. Ipak, njihova srca postaju korumpirana i zagađena za razliku od vremena kada su prvi put primili Svetog Duha. Zbog toga ovi ljudi čak i čine vrstu zla koju su nekada ranije odbacili.

Bog ipak želi da oprosti i voli čak i ljude koji su grešili i voleli svet. Baš kao što je Osija vratio svoju ženu koja je sklona preljubi i volela drugog čoveka, Bog čeka povratak i pokajanje Njegove dece koja su grešila.

Međutim, mi moramo da razumemo srce Boga koji nam je otkrio poruku o Pakla. Bog ne želi nas da uplaši; On jedino želi da nas nauči o užasima Pakla, iskrenom pokajanju i dobijanju spasenja. Poruka o Paklu je način na koji na On pokazuje Njegovu goruću ljubav. Mi takođe moramo da razumemo zašto je Bog morao da pripremi Pakao kako bi mogli da razumemo Njegovo srce mnogo dublje i širimo dobre vesti mnogim ljudima kako bi ih spasili od večnih kazni.

Zašto je Bog ljubavi morao da pripremi Pakao?

U Postanku 2:7 čitamo: *„A stvori Gospod Bog čoveka od praha zemaljskog, i dunu mu u nos duh životni; i posta čovek živo biće."*

U 1983. godini posle koje su se vrata moje crkve otvorila, Bog mi je pokazao viziju u kojoj je opisano stvaranje Adama. Bog je bio srećno i radosno od gline napravio Adama sa pažnjom i ljubavlju, kao kada bi dete se igralo sa njegovom/njenom omiljenom igračkom. Nakon što je do detalja oblikovao Adama, Bog je udahnuo u njegove nozdrve dah života. Zato što smo mi dobili dah života od Boga, koji je Duh, naše duše i duh su besmrtni. Telo napravljeno od prašine će iščeznuti i vratiti se u šaku prašine, ali naš duh i duša traju zauvek.

Iz tog razloga, Bog je morao da pripremi ova mesta za besmrtne duše da borave, a to su Nebo i Pakao. Kao što je zapisano u 2. Petrovoj Poslanici 2:9-10, ljudi koji žive život u strahu od Boga biće spašeni i ući će na Nebo, ali nepravedni će biti kažnjeni u Paklu.

Zna Gospod pobožne izbavljati od napasti, a nepravednike mučeći čuvati za dan sudni; a osobito one koji idu za telesnim željama nečistote, i ne mare za poglavarstvo. I koji su bezobrazni i samovoljni, i ne drhću huleći na slavu.

Sa jedne strane, Božja deca će živeti pod Njegovom večnom

Pakao

vladavinom na Nebu. Zato, Nebo je uvek puno radosti i sreće. Sa druge strane, Pakao je mesto za sve one koji nisu prihvatili Božju ljubav već su umesto toga izdali Njega i postali robovi greha. U Paklu, oni će dobiti užasne kazne. Zašto je, onda, Bog ljubavi morao da pripremi Pakao?

Bog odvaja pšenicu od kukolja

Kao što seljak poseje seme i gaji ga, tako Bog kultiviše ljudska bića na ovom svetu da bi odgajao iskrenu decu. Kada dođe vreme žetvi, On odvaja pšenicu od kukolja, tako što šalje pšenicu na Nebo a kukolj u Pakao.

Njemu je lopata u ruci Njegovoj, pa će otrebiti gumno svoje, i skupiće pšenicu svoju u žitnicu, a plevu će sažeći ognjem večnim (Jevanđelje po Mateju 3:12).

„Pšenica" ovde simbolizuje sve one koji su prihvatili Isusa Hrista, pokušali da povrate Božji lik, i žive u skladu sa Njegovom rečju. „Kukolj" ovde se odnosi na one koji nisu prihvatili Isusa Hrista kao svog Spasitelja, već vole svet, i prate zlo.

Kao što seljak sakuplja pšenicu u ambar i pali kukolj ili ga koristi kao veštačko đubrivo u žetvi, tako Bog donosi pšenicu na Nebo i baca kukolj u Pakao.

Bog želi da mi znamo o postojanju Nižeg Groba i Pakla. Lava ispod površine zemlje i vatra služe kao podsetnik večnih kazni u Paklu. Ako ne bi bilo vatre ili sumpora na ovoj zemlji, kako bi mi

Zašto je Bog ljubavi morao da pripremi Pakao

mogli i da zamislimo užasne scene Nižeg Groba u Paklu? Bog je stvorio ove stvari zato što su potrebne za kultivaciju ljudskih bića.

Razlog zbog koga je „kukolj" bačen u vatru Pakla

Neki se možda pitaju: „Zašto je Bog ljubavi pripremio Pakao? Zašto ne bi pustio kukolj takođe na Nebu?" Lepota Neba je van svake zamisli ili opisa. Bog, vladar na Nebu je svet bez srama ili mrlje ili prašine, samo oni koji čine Njegovu volju može im biti dozvoljeno da uđu na Nebo (Jevanđelje po Mateju 7:21). Ako bi bezbožni ljudi bili na Nebu zajedno sa onim ljudima punim ljubavi i dobrote, život na Nebu bio bi naročito težak i neprijatan, i lepota Neba bi samo bila zaprljana. Zato je Bog morao da pripremi Pakao da odvoji pšenicu na Nebu od kukolja u Paklu.

Bez Pakla, pravedni i bezbožni ljudi bili bi prisiljeni da žive zajedno. Iako bi to bio slučaj, Nebo bi postalo Nebo tame, ispunjeno sa vriskom i plačom u agoniji. Kako bilo, Božja namera ljudske kultivacije nije da napravi takvo mesto. Nebo je mesto bez suza, tuge, mučenja, i bolesti, gde On može da deli Njegovu ogromnu ljubav sa Njegovom decom za vek vekova. Ipak, pakao je potreban da da večno ogradi bezbožne i bezvredne ljude – kukolj.

U Poslanici Rimljanima 6:16, čitamo: „*Ne znate li da kome dajete sebe za sluge u poslušanje, sluge ste onog koga slušate, ili greha za smrt, ili poslušanja za pravdu?*" Čak iako možda nisu znali, svi oni koji ne žive po Božjoj reči su robovi greha i

Pakao

robovi našem neprijatelju Sotoni i đavolu. Na ovoj zemlji, oni su kontrolisani neprijateljem Sotonom i đavolom; posle smrti, oni će biti bačeni u ruke onih zlih duhova u Paklu i dobiće razne vrste kazni.

Bog nagrađuje svakoga u skladu sa time šta su on/ona uradili

Naš Bog nije samo Bog ljubavi, milosti, i dobrote već je takođe i fer i pravedan Bog koji nagrađuje svakog od nas u skladu sa našim delima. U Poslanici Galaćanima čitamo:

Ne varajte se: Bog se ne da ružiti; jer šta čovek poseje ono će i požnjeti. Jer koji seje u telo svoje, od tela će požnjeti pogibao; a koji seje u duh, od duha će požnjeti život večni.

Sa jedne strane, kada posejete molitve i slavu, vi ćete biti ovlašćeni da živite u skladu reči Božje uz moć sa Neba, i vaš duh i duša će biti dobro napravljeni. Kada posejete odano službovanje, svi vaši delovi- duh, duša, i telo – biće uspravljeni. Ako posejete novac sa desetkom ili darove zahvalnosti, vi ćete biti finansijski blagosloveni kako bi mogli da posejete još više za Božje kraljevstvo i pravednost. Sa druge strane, kada posejete zlo, vama će biti vraćeno tačno istom količinom i obimom vašeg zla. Čak iako ste vernik, ako posejete grehove i bezakonje, vi će se suditi. Prema tome, ja se nadam da ćete vi biti prosvetljeni i da ćete naučiti ovu činjenicu uz pomoć Svetog Duha, kako bi mogli da dobijete večan život.

U Jevanđelju po Jovanu 5:28-29, Isus nam govori da: „*Ne divite se ovome, jer ide čas u koji će svi koji su u grobovima čuti glas Sina Božijeg, i izići će; koji su činili dobro u vaskrsenje života, a koji su činili zlo u vaskrsenje suda.*" U jevanđelju po Mateju 16:27 Isus nam je obećao: „*Jer će doći Sin čovečiji u slavi Oca Svog s anđelima svojim, i tada će se vratiti svakome po delima njegovim.*" Sa preciznim proračunavanjem, kroz Sud Bog nagrađuje odgovarajućim nagradama i dodeljuje odgovarajuće kazne svakome u skladu sa onim šta su on/ona uradili. Bilo da svaki pojedinac ide na Nebo ili u Pakao to ne zavisi od Boga već od svakog pojedinca koji ima slobodnu volju, i svako će požnjeti ono što je on/ona posejao.

Bog želi da svi ljudi prime spasenje

Bog smatra osobu stvorenu po Njegovom liku i obliku mnogo važnijom od celog univerzuma. Zato, Bog želi da svi ljudi veruju u Isusa Hrista i dobiju spasenje.

Bog se još više raduje kada se jedan grešnik pokaje

Sa srcem pastira koji po džombastim putevima traži jednu izgubljenu ovcu čak iako on ima druge devedeset i devet ovce (Jevanđelje po Luki 15:4-7), Bog se raduje još više nad jednim

Pakao

grešnikom koji se pokaje nego nad devedeset i devet ljudi koji se ne pokaju.

Psalmopisac je napisao u Psalmima 103:12-13: „*Koliko je istok daleko od zapada, toliko udaljuje od nas bezakonja naša. Kako otac žali sinove, tako GOSPOD žali one koji Ga se boje.*" Bog takođe obećava u Isaiji 1:18 da: „*Tada dođite, veli Gospod, pa ćemo se suditi. Ako gresi vaši budu kao skerlet, postaće beli kao sneg; ako budu crveni kao crvac, postaće kao vuna.*"

Bog je sama svetlost i u Njemu, ne postoji tama. On je takođe sama dobrota, koji mrzi greh, ali kada grešnik stane ispred Njega i pokaje se, Bog se ne seća njegovih grehova. Umesto toga, Bog grli i blagoslovi grešnika u Njegovom bezgraničnom opraštanju i toploj ljubavi.

Ako vi razumete Božju neverovatnu ljubav makar malo, vi bi trebalo da tretirate svakog pojedincem iskrenom ljubavlju. Vi treba da imate saosećanja za one koji idu prema vatri pakla, molite se revnosno za njih, delite dobre vesti sa njima, i posetite one koji imaju slabu veru i pojačate veru kako bi oni mogli da se usprave.

Ako se ne pokajete

1. Timoteju Poslanica 2:4 nam govori: „*[Bog] hoće da se svi ljudi spasu, i da dođu u poznanje istine.*" Bog očajnički želi da svi ljudi poznaju Njega, prime spasenje, i dođu tamo gde je On. Bog je željan da spasi makar još jednu osobu, čeka ljude iz tame i greha da ih okrene Njemu.

Kako bilo, čak iako je Bog dao mnogim ljudima prilike da se pokaju, sve do tačke žrtvovanja Svog Sina na krstu, ako se oni ne pokaju i umru, njima samo jedna stvar ostaje. U skladu sa duhovnim zakonom, oni će požnjeti šta su posejali i biće im vraćeno u skladu sa onim šta su učinili, i na kraju će biti bačeni u Pakao.

Ja se nadam da ćete vi razumeti ovu neverovatnu ljubav i pravdu Boga kako bi mogli da primite Isusa Hrista i bude vam oprošteno. Šta više, čuvajte se i živite u skladu sa voljom Boga da bi mogli da sijate kao sunce na Nebu.

Smelo širiti jevanđelje

Oni koji znaju i iskreno veruju u postojanje Neba i Pakla ne mogu a da ne budu evangelizovani, zato što oni znaju srce Boga koji želi da svi ljudi takođe dobiju spasenje.

Bez ljudi da se rašire dobre vesti

Poslanica Rimljanima 10:14-15 nam govori da Bog uzvišuje one koji šire dobre vesti:

> *Kako će, dakle, prizvati Njega u koga ne verovaše? A kako će verovati u Njega koga ne čuše? A kako će čuti bez propovednika? A kako će propovedati ako ne budu poslani? Kao što stoji napisano: „Kako su krasne noge onih koji donose glas za mir, koji donose*

Pakao

glas za dobro!"

U 2. Kraljevima, postoji priča o Neemanu, komandantu vojske kralja Avrama. Neeman je smatran za visokog i plemenitog čoveka od svog kralja zato što je spasao svoju zemlju mnogo puta. On je stekao ugled i slavu, i nije u ničemu oskudevao. Ipak, Neeman je imao lepru. U tim danima, lepra je bila neizlečiva bolest i bila je smatrana prokletstvom sa Neba, tako da Neemanova hrabrost i bogatstvo sada su bile beskorisne za njega. Čak i njegov kralj nije mogao da mu pomogne. Možete li da zamislite srce Neemana koji je gledao da njegovo jednom zdravo telo sada truli i propada dan za danom? Šta više, čak i članovi njegove porodice su se držali podalje od Neemana, plašeći se da će i oni, možda, postati inficirani sa ovom bolešću. Koliko se slabo i bespomoćno Neeman osećao?

Ipak, Bog je imao dobar plan za Neemana, nejevreja komandanta. Postojala je služavka koja je bila zarobljena u Izraelu, a sada je služila Neemanovoj supruzi.

Neeman je izlečen kada je poslušao sluškinju

Sluškinja, iako je bila mala devojčica, znala je način da reši Neemanov problem. Devojčica je verovala da Jelisej, prorok Samarije, može da izleči gospodarevu bolest. Ona je brzo prenela vest o Božjoj moći koja je bila izložena kroz Jeliseja njenom gospodaru. Ona nije držala usta zatvorena posebno o nečemu u šta je ona mnogo verovala. Nakon što je čuo ove vesti, Neeman je spremio darove u najvećoj odanosti i otišao da vidi proroka.

Šta mislite da se dogodilo Neemanu? On je bio potpuno izlečen sa moći Boga koji je bio sa Jelisejom. On je čak i priznao: *„Evo sad vidim da nema Boga nigde na zemlji do u Izrailju"* (2. Kraljevima 5.15). Neeman je bio izlečen ne samo od njegovih bolesti, već je i problem njegovog duha je takođe rešen.

U ovoj priči, Isus komentariše u Jevanđelju po Luki 4.27: *„I mnogi behu gubavi u Izrailju za proroka Jelisija; i nijedan se od njih ne očisti do Neemana Sirijanina."* Zašto je samo Neeman nejevrejin mogao da bude izlečen, iako je bilo mnogo drugih leproznih u Izraelu? Ovo je zato što je Neemanovo srce bilo dovoljno istinski dobro i ponizno da sluša savete drugih ljudi. Čak iako je Neeman bio nejevrejin, Bog je pripremio put spasenja za njega zato što je bio dobar čovek, oduvek odan general svom kralju, i sluga koji je voleo svoj narod toliko mnogo da bi mogao da hladno položi svoj život za njih.

Ipak, da služavka nije prenela vesti o moći Jeliseja Neemanu, on bi umro bez izlečenja, i čak ne bi dobio spasenje. Život plemenitog i vrednog ratnika zavisio je od usana male devojčice.

Smelo širiti jevanđelje

Kao što je bio slučaj sa Neemanom, mnogi ljudi oko vas čekaju da vi otvorite vaša usta. Čak i u ovom životu, oni pate od mnogo životnih nevolja i idu ka Paklu svaki dan. Koliko žalosno će biti ako bi oni bili večno mučeni posle tako teškog života na zemlji? Zato, Božja deca moraju smelo da prenesu jevanđelje takvim ljudima.

Bog će neizmerno biti zadovoljan kada, kroz moć Gospoda,

Pakao

ljudi koji su na putu da umru dobiju život, i ljudi koji pate postanu slobodni. On će takođe učiniti da oni napreduju i postanu zdravi, govoreći im: „Ti si moje dete koje osvežava Moju dušu." Šta više, Bog će im pomoći da dobiju dovoljno veliku veru da uđu u predivan grad Novi Jerusalim, gde je smešten Božji presto. Pored toga, zar neće većina ljudi koji su čuli jevanđelje i dobre vesti i prihvatili Isusa Hrista kroz vas biti takođe zahvalni za to što što ste učinili za njih?

Ako ljudi tokom ovog života ne poseduju dovoljno veliku veru da bi bili spašeni, oni nikada neće imati „drugu priliku" jednom kada odu u Pakao. U sredini večne patnje i agonije, oni jedino mogu da žale i kukaju za vek vekova.

Za vas da biste čuli jevanđelje i prihvatili Gospoda, postojala je neizmeriva žrtva i i posvećivanje mnogobrojnih praočeva vere, koji su bili ubijeni mačem, bačeni kao žrtve gladnih zveri, ili završili mučeništvom zbog propovedanja dobrih vesti.

Šta bi trebali, onda da uradite, sada kada ste spašeni od pakla? Vi treba da date sve od sebe kako bi poveli što više duša iz Pakla u zagrljaj Gospoda. U 1. Poslanici Korinćanima 9:16, apostol Pavle priznaje svoju misiju sa gorućim srcem: *„Jer ako propovedam jevanđelje, nema mi hvale, jer mi je za nevolju; i teško meni ako jevanđelja ne propovedam."*

Ja se nadam da ćete vi ići u svet sa gorućim srcem Gospoda i spasite što više ljudi od večnih kazni Pakla.

Vi ste saznali o večnom, užasnom i strašnom mestu zvanom Pakao kroz ovu knjigu. Ja se molim da ćete osetiti ljubav Božju, koji ne želi da izgubi ni jednu osobu, budete budni u vašem hrišćanskom životu, i preneste jevanđelje svakom ko treba da ga čuje.

U Božjim očima, vi ste mnogo dragoceniji nego ceo svet i vredniji od bilo čega u univerzumu, zato što ste stvoreni po Njegovom liku. Zato, vi ne smete da postanete rob greha koji protivi Bogu i završite u Paklu, već da postanete iskreno dete Božje koje hoda u svetlosti, čini i živi u skladu sa istinom.

Sa istom merom zadovoljstva koje je Bog imao kada je On stvorio Adama, On pazi na vas čak i danas, On želi da vi dostignete iskreno srce, brzo rastete u veri, i dostignete potpunu meru vere u ispunjenju Hristom.

U ime Gospoda, ja se molim da ćete vi odmah prihvatiti Isusa Hrista i dobiti blagoslove i vlast kao dragoceno dete Božje, da bi mogli da imate ulogu soli i svetla na svetu, i povedete mnogo ljudi ka spasenju.

Autor:
Dr. Džerok Li

Dr. Džerok Li je rođen u Muanu, Džeonam provinciji, Republika Koreja, 1943. god. U svojim dvadesetim, Dr. Li je sedam godina patio od mnoštva neizlečivih bolesti i iščekivao smrt bez nade za oporavak. Jednog dana u proleće 1974. god, njegova sestra ga je odvela u crkvu i kad je kleknuo da se pomoli, Živi Bog ga je momentalno izlečio od svih bolesti.

Od trenutka kad je Dr. Li sreo Živog Boga kroz to divno iskustvo, on je zavoleo Boga svim svojim srcem i iskrenošću, a u 1978. god., je pozvan da bude sluga Božji. Molio se revnosno uz nebrojene molitve u postu kako bi mogao jasno da razume volju Božju, u potpunosti je ispuni i posluša sve Reč Božju. Godine1982. je osnovao Manmin centralnu crkvu u Seulu, Koreja i bezbrojna dela Božja uključujući čudesna isceljenja, znaci i čuda se dešavaju u njegovoj crkvi.

U 1986. god. Dr. Li je zaređen za pastora na godišnjem Zasedanju Isusove Sungkjul crkve Koreje i četiri godine kasnije u 1990. god. njegove propovedi su počele da se emituju u Australiji, Rusiji, na Filipinima i mnogim drugim zemljama, preko Radiodifuzne kompanije Daleki Istok, Azija radiodifuzne kompanije i Vašingtonskog hrišćanskog radio sistema.

Tri godine kasnije, 1993. god., Manmin centralna crkva je izabrana za jednu od „Svetskih top 50 crkava" od strane magazina *Hrišćanski svet (Christian World)* (SAD), a on je primio počasni doktorat bogoslovlja od Koledža hrišćanske vere, Florida, SAD i 1996. god. iz Službe od Kingsvej teološke bogoslovije, Ajova, SAD.

Od 1993. god., dr. Li prednjači u svetskoj evangelizaciji kroz mnogo inostranih pohoda u Tanzaniji, Argentini, Los Anđelesu, Baltimoru, Havajima i Nju Jorku u Sjedinjenim Američkim Državama, Ugandi, Japanu, Pakistanu, Keniji, Filipinima, Hondurasu, Indiji, Rusiji, Nemačkoj, Peruu, Demokratskoj Republici Kongo, Izraelu i Estoniji.

U 2002-oj godini nazvan je „svetskim obnoviteljem" od strane glavnih hrišćanskih novina u Koreji zbog njegovih moćnih bogosluženja u različitim inostranim evangelističkim pohodima. Posebno tokom njegovog

„Pohoda u Nju Jork 2006-te godine" koji se održao u Medison Skver Gardenu (Madison Square Garden) najpoznatijoj svetskoj areni i emitovan je za 220 nacija a na njegovom „Ujedinjenom Izraelskom pohodu" održanom u Kongresnom centru u Jerusalimu on je hrabro rekao da je Isus Mesija i Spasioc. Njegove propovedi emitovane su za 176 nacija putem satelita uključujući GCN TV i bio je svrstan kao jedan od top 10 najuticajnijih hrišćanskih vođa 2009-e i 2010-e godine od strane popularnog Ruskog hrišćanskog časopisa U pobedu *(In Victory)* i nove agencije Hrišćanski telegraf *(Christian Telegraph)* za njegovu moćnu svešteničku službu TV emitovanja i njegove inostrane crkveno pastorske službe.

Od oktobra 2015. god., Manmin Centralna Crkva ima zajednicu od preko 120.000 članova. Postoji 10 000 ogranaka crkve širom planete uključujući 56 domaćih ogranaka crkve i do sad više od 103 misionara su opunomoćena u 23 zemlje, uključujući Sjedinjene Države, Rusiju, Nemačku, Kanadu, Japan, Kinu, Francusku, Indiju, Keniju i mnoge druge.

Do datuma ovog izdanja Dr. Li je napisao 99 knjige, uključujući bestselere: *Probanje Večnog Života Pre Smrti, Moj Život, Moja Vera I i II, Poruka Sa Krsta, Mera Vere, Raj I& II, Pakao* i *Moć Božja*. Njegove knjige su prevedene na više od 76 jezika.

Njegove Hrišćanski rubrike se pojavljuju u *Hankok Ilbo, JongAng dnevniku, Dong-A Ilbo, Chosun Ilbo, Munhva Ilbo, Seul Šinmunu, Kjunghjang Šinmun, Hankjoreh Šinmun, Korejski ekonomski dnevnik, Koreja glasnik, Šisa vesti,* i *Hrišćanskoj štampi.*

Dr. Li je trenutno na čelu mnogih misionarskih organizacija i udruženja uključujući: predsedavajući, Ujedinjene svete crkve Isusa Hrista; predsednik, Manmin svetska misija; stalni predsednik, Udruženje svetske hrišćanske preporodne službe; osnivač i predsednik odbora, Globalna hrišćanska mreža (GCN); osnivač i član odbora, Mreža svetskih hrišćanskih lekara (WCDN); i osnivač i član odbora, Manmin internacionalna bogoslovija (MIS).

Druge značajne knjige istog autora

Raj I & II

Detaljna skica predivne životne okoline u kojoj rajski stanovnici uživaju i prelepi opisi različitih nivoa nebeskih kraljevstva.

Poruka sa Krsta

Moćna probuđujuća poruka za sve ljude koji su duhovno uspavani! U ovoj knjizi naći ćete razlog da je Isus jedini Spasitelj i iskrenu ljubav Božju.

Mera Vere

Kakvo mesto stanovanja, kruna i nagrade su spremne za vas na nebu? Ova knjiga obezbeđuje mudrost i smernice za vas da izmerite vašu veru i gajite najbolju i najzreliju veru.

Probanje Večnog Života Pre Smrti

Zavetni memoari Dr. Džeroka Lija, koji je rođen ponovo i spašen iz doline senke smrti i koji vodi primeren Hrišćanski život.

Moj Život, Moja Vera I & II

Najmirisnija duhovna aroma izvučena iz života koji je cvetao sa neuporedivom ljubavlju za Boga, u sred crnih talasa, hladnih okova i najdubljeg očaja.

www.urimbooks.com

www.ingramcontent.com/pod-product-compliance
Lightning Source LLC
LaVergne TN
LVHW041756060526
838201LV00046B/1025